Titus Müller
Glück hat tausend Farben

Inhalt

Perfektion im Alltag

Unglaublich, wie gut ich es habe. Ich sitze im Dachzimmer eines kleinen Häuschens und darf etwas in den Computer tippen, das später durch Druckerpressen läuft und in Buchhandlungen geliefert wird. Dort gehen die Leute hin, um es mit nach Hause zu nehmen und zu lesen. Mein Traumberuf! Das Getippte bezahlt mir die Miete, den Urlaub, den Kinobesuch … Und ich genieße es nicht allein: Vor acht Wochen habe ich meine Traumfrau geheiratet. Ich freue mich jeden Morgen, neben ihr aufzuwachen.

So habe ich's mir immer gewünscht. Ich wollte Autor werden, ich wollte in einem urigen Dachzimmer sitzen und schreiben und wollte eine Familie gründen mit der tollsten Frau der Welt. Bin ich also überglücklich? Ist das gerade ein perfekter Moment?

Nein.

Mir ist kalt. Obwohl ich das warme Sweatshirt angezogen habe. Außerdem bin ich verspannt, und die Ärztin hat mir keine Massagen verschrieben, sondern mich wissend angelächelt und gesagt, ich solle mehr Sport treiben. Ich weiß schon, ich müsste schwimmen gehen. Aber ich habe keine Lust dazu. In der Schwimmhalle haben sie nämlich über Jahre allmählich die Wassertemperatur gesenkt; die dachten, das merkt keiner. Ich merke es sofort, weil ich nach drei Minuten zu zittern anfange. Das Eiswasser im Becken halten nur noch durchtrainierte Profischwimmer aus. Ich jedenfalls nicht.

Lena ist heute nicht da. Das Haus ist still. Ich vermisse sie. Niemand singt unten oder spielt Klavier. Ich müsste Mails beantworten und habe keine Lust darauf. Ich müsste mir etwas zu essen kochen. Darauf habe ich noch weniger Lust.

Obwohl ich tausend Gründe hätte, glücklich zu sein, gibt es auch ein paar Gründe für Unzufriedenheit. Seltsamerweise konzentriere ich mich auf die und bin niedergeschlagen. Ich warte darauf, dass sich auch der Rest verbessert: dass mir warm wird, dass sich die Verspannung löst und dass Lena heimkehrt.

Ist das eingetreten, wird mir etwas anderes nicht mehr passen. Ich werde vielleicht Kopfweh haben oder müde sein, oder in der Küche wird sich der Abwasch türmen. Irgendwas stört immer.

Was ist mit den perfekten Momenten, die mir die Werbung vorgaukelt? Am Frühstückstisch lacht die Familie, die Kinder sind gut drauf und brav – sie freuen sich scheinbar einfach nur, dass sie etwas zu essen bekommen –, alle sind gekämmt und hellwach und genießen den Tag. Wo gibt's das?

Die Werbung verschweigt den Abwasch hinterher und das Nörgeln der Kinder, wenn sie ihren Teller abräumen sollen. Sie verschweigt die Nutellaflecken auf dem Tischtuch, den stinkenden Hund, die Steuererklärung und die überfüllte Mülltonne. Die Kreditraten fürs Haus fehlen, und das Bad muss auch mal wieder geputzt werden, aber das wird nicht gezeigt, damit die perfekte Familie länger in die Kamera lächeln kann.

Noch nie habe ich in der Autowerbung LKWs auf der Landstraße gesehen, die man wegen der kurvenreichen Strecke nicht überholen kann. Die Werbestraße ist frei; man hat sie für sich allein. Zeitdruck gibt es nicht, einfach nur Freude am Fahren.

Das Traumhaus, das sich das Werbepaar mit seinem Bausparvertrag kauft, hat viel Platz drumherum, und obwohl sie gerade erst eingezogen sind, begrüßen die Nachbarn sie wie langjährige Freunde. Es ist alles fertig und es gibt keine Baumängel.

Im Urlaub hat das Werbepärchen den Strand und den Pool für sich. Scheinbar buchte zufällig niemand sonst dieses Hotel, was die Angestellten aber nicht weiter zu bekümmern scheint; sie sind überglücklich, dass sie sich um das Pärchen kümmern dürfen. Ununterbrochen scheint die Sonne.

Diese Filmteams sollten mal in mein Leben kommen! Da muss man sich im Urlaub eincremen, mehrmals täglich, bis es eine klebrige Mischung aus Salz, Sand und Creme ist, die man sich da über den Körper reibt. Und weil ich die Unterschenkel für ungefährdet gehalten habe – es wachsen ja genug Haare dort –, habe ich nach dem Schnorcheln einen schmerzhaften Sonnenbrand an den Beinen. Am Traumstrand. In den Flitterwochen.

Ich sollte die Perfektion vergessen, die ich aus der Werbung gelernt habe. Nicht erwarten, dass alles stimmt. Dann kann ich den Frühstückstisch genießen, auch wenn der Abwasch hart werden wird. Der Tisch steht voller köstlicher Sachen. Gut, dass Lena und ich die Zeit haben, sie zu schmecken und uns satt zu essen.

Ich kann hinter dem LKW herzuckeln und trotzdem die schöne Landschaft bewundern. Ich will auch mal im leeren Haus glücklich sein und mich auf Lenas Heimkehr freuen. Wie schlimm wäre das, wenn ich denken würde: Endlich ist sie weg! Lieber vermisse ich sie, das zeigt nur, wie sehr ich sie schätze.

Die Werbung trimmt mich darauf, meine Bedürfnisse sofort zu erfüllen. Nachdem sie viele dieser Bedürfnisse überhaupt erst erzeugt hat. Die schlauen Marketingleute wissen genau, wie sie mir einreden können, dass ihr Produkt mich klug, schön und vergnügt machen wird.

Viele Werbespots enden mit: „Jetzt zugreifen!" Muss ich Glück immer sofort haben? Ist ein Glück, das Wartezeit erfordert oder erst durch längeren Einsatz möglich wird, nicht besser? Liebe, die allmählich wächst, weil wir uns vertraut werden. Ein Sonnenaufgang, für den ich an einen schönen Platz wandern muss. Briefmarken zu sammeln, anstatt eine komplette Sammlung zu kaufen.

Lena hat Basilikum ausgesät. Jeden Morgen gilt ihr erster Blick den kleinen Pflanzen. „Guck mal, wie schön der Basilikum wächst!", sagt sie begeistert. Jetzt haben wir zum ersten Mal davon geerntet. Wir essen ihn mit Mozzarella und frischen Tomaten, und ich schmecke all die Liebe, die sie den Pflanzen gewidmet hat. Jeder Bissen ist mir kostbar.

Barfuß im Regen

Meine Nachbarn halten mich vermutlich für verrückt. Ich gehe im Regen spazieren. Barfuß. Aber ich habe nachmittags an einem Jugendbuch gearbeitet, in dem kriechen die früh-mittelalterlichen Romanfiguren durch eine unterirdische Stadt, überleben einstürzende Höhlen, Schwertkämpfe und reißende Flüsse, also muss ich doch wenigstens mal im Regen spazieren gehen.

Die Wiese steht schon unter Wasser. Es macht Spaß, durch das weiche Gras zu stapfen und sich die Füße um-spülen zu lassen. Niemand ist unterwegs, die Straße ist leer. Es ist still draußen, natürlich, der Regen plätschert, aber davon abgesehen ist es still, die Leute sind in ihre Häuser geflohen. Ich komme mir vor wie ein Kind und genieße die kindliche Freiheit.

Die Luft riecht sauber, als würde sie gerade ein Erfrischungs-bad nehmen. Amseln hocken in den Bäumen, ihnen tropft Wasser vom Schnabel. Sie warten, bis der Regenguss vorüber ist. Kein Hund bellt, nur der Regen tippelt ausdauernd auf meinen Kopf.

Ich patsche in die Pfützen. Es fühlt sich verboten an, barfuß zu laufen. Meinen Füßen gefällt's. Zum ersten Mal seit langer Zeit spüren die Fußsohlen den Gehweg, seine Platten und die Ritzen dazwischen.

Ich lausche. Auf den dickfleischigen Blättern der Gartenpflanze vor unserem Haus macht der Regen satte, tiefe Laute, die Tropfen rollen daran herunter. Das Garagendach klingt hohl wie eine Trommel.

Unsere Nachbarn haben einen Swimmingpool. Ich spaziere hin und stecke den Fuß hinein. Das Wasser ist warm, viel wärmer als das in den Pfützen. Auf der Oberfläche des Pools glitzern kleine Ringe, die Regentropfen tanzen ein Ballett.

Was für eine schöne Pause!

Ich kehre ins Haus zurück, trockne mir die Haare, die Füße und das Gesicht. Ich hänge die Regenjacke auf und setze mich wieder an den Schreibtisch. Die nackten Füße wärmen sich in den Hausschuhen auf und ich höre den Regen draußen. Er ruft mich, er ist einsam.

Lena kommt herein und fragt: „Wovon handelt das neue Buch, das du gerade beginnst?"

„Vom Glück", sage ich. „Und von mehr Gelassenheit und Ruhe im Leben."

Sie antwortet mit Sarkasmus in der Stimme: „Da spricht ja der Richtige."

Ich bin kein gelassener Mensch. Wenn ich irgendwo in der Schlange anstehe, beim Einkaufen oder am Fahrkartenschalter, suche ich mir markante Personen in den benachbarten Warteschlangen, um zu sehen, ob es an der anderen Kasse schneller vorangeht. Ich tröste mich mit geschafften Warte-Etappen. Nur noch fünf Leute vor mir, nur noch vier. Mist, der Mann mit der roten Jacke in der Nachbarschlange stand vorhin noch hinter mir. Wieso ist es dort schneller gegangen? Ah, jetzt rücken wir nach. Kann ich schon irgendwas vorbereiten? Ich schätze den Preis, den ich bezahlen muss, und suche das Geld heraus. Dabei habe ich es nicht wirklich eilig, mir ist nur unerträglich, zum nutzlosen Herumstehen verurteilt zu sein.

Auch im Restaurant warte ich ungern. Ich belauere den Kellner. Wann bringt er endlich die Karte? Haben wir sie, dauert es noch mal eine Ewigkeit, bis Lena sich entschieden hat, was sie essen will. Ich kenne niemanden, der so eingehend die Speisekarte studiert wie sie. Der Kellner kommt, um zu helfen, aber sie schickt ihn weg, weil sie Zeit zum Überlegen braucht. Ich sitze daneben und täusche Geduld vor, während mir der Magen knurrt. „Oder soll ich doch lieber den Salat nehmen?", murmelt sie. Ich hatte nach fünf Sekunden entschieden, was auf meinen Teller soll. Lena braucht eine gefühlte Stunde.

Endlich bestellt sie und wir warten erneut. Ich beobachte die anderen Tische, misstrauisch, ich rechne mit einer Ungerechtigkeit. „Hatten die vor uns bestellt?", frage ich Lena, wenn jemand sein Essen bekommt. Den anderen auf die Teller zu schauen ist eine Inspiration, wenn man Hunger hat. Ich habe mich erst wieder im Griff, als auch vor mir eine dampfende Mahlzeit steht und ich essen kann.

Eigentlich hat es schon zu Hause begonnen, beim Aufbruch. Ich darf nicht den Fehler machen, als Erster Jacke und

Schuhe anzuziehen. Dann stehe ich nämlich an der Tür und will los, während Lena Dinge einfallen, die sie unbedingt noch erledigen muss. Der Müll kann mit raus. Sie sucht ihr Handy. Sie geht auf die Toilette. Es sind nur Minuten, aber ich leide furchtbar. Mit den Straßenschuhen kann ich nicht zurück in die Wohnung. Was soll ich machen, ich stehe an der Tür herum und versuche, nicht überzukochen. Ungenutzte Minuten kommen mir wie ein Verbrechen vor. Bei Brettspielen zum Beispiel sage ich immer dem Nächsten, dass er an der Reihe ist – ich kann den Moment nicht ertragen, wenn keiner seinen Spielzug macht. Ich will, dass es straff vorangeht.

Ist das die Art, wie ich leben möchte? Straff voran? Eigentlich nicht. Es ist plötzlich 2011, dabei war gerade erst 2001, 2007, 2009 … Die Monate und Jahre ziehen an mir vorüber wie ein zu schnell abgespulter Film. Ich verpasse mein eigenes Leben.

Als Kind habe ich seelenruhig Legobausteine sortiert. Ich konnte das, ich war gelassen. Obwohl ich wusste, dass es Stunden dauern würde, schüttete ich den Inhalt der großen Legokiste auf den Wohnzimmerteppich und begann, die Steine zu ordnen.

Nachmittags hockte ich draußen auf dem Gehweg und beobachtete Feuerwanzen. Die roten Tierchen tippelten geschäftig ihrer Wege, sie saugten an Samen oder suchten Beute in den Ritzen der Bordsteinkante. Nie sah man sie allein, wo eine Feuerwanze war, lebten auch andere. Dass ich da kauerte und sie beobachtete, merkten sie nicht.

Ich legte mich auf die Wiese vor dem Haus und schaute in die Wipfel der Pappeln, wo das Blättermeer bei jedem Windstoß hell aufleuchtete. Ich hörte zu, wie die Blätter rauschten. Kann ich als Erwachsener diese Ruhe wiederfinden?

Heute fange ich an. Ich will versuchen, den einzelnen Tag zu lieben. Den Mittwoch, den Donnerstag. Das ist mein Leben. Zu viele Tage sind mir schon im tosenden, hektischen Meer ersoffen.

Meine Welt wird Bio

Vor vier Jahren stellte ich im Münchner Literaturhaus meinen Roman „Das Mysterium" vor, und auf der Bühne standen mit mir vier junge Musikerinnen, die den Abend untermalten. Vielleicht sah es so aus, als würde ich aufmerksam ihrer Musik folgen, aber in Wirklichkeit starrte ich die ganze Zeit eine von ihnen an. Ich wusste nichts von ihr, nicht mal ihren Namen. Ich konnte nicht anders, als zu ihr hinzusehen, sie zu beobachten und zu bewundern.

Weil mein Lektor und befreundete Autoren anwesend waren, die mich im Blick hatten, wagte ich nicht, nach der Lesung zu ihr zu gehen und mit ihr zu reden. Der Abend ging zu Ende, ich schlief im Hotelzimmer und kehrte am nächsten Tag nach Hause zurück.

Immerzu dachte ich an sie. Nach einer halben Woche hielt ich es nicht mehr aus. Ich kannte die Musikprofessorin, die den Auftritt der vier organisiert hatte, und bat sie, die junge Frau zu fragen, ob ich ihr schreiben dürfe.

Endlich erfuhr ich ihren Namen: Lena. (Später fand ich heraus, dass sie sich ebenfalls in mich verliebt hatte. Während der halben Woche hatte sie wieder und wieder das Foto in meinem Buch angeschaut und wehmütig gedacht: Den sehe ich nie wieder.) Wir schrieben uns, telefonierten, verabredeten uns. Lena und ich wurden uns immer vertrauter; wir passen wunderbar zusammen. Nur in einem sind wir grundverschieden: Lena liebt Bioprodukte. Ich liebe Aldi.

Essen hat in meinem Leben nie eine besonders große Rolle gespielt. Ich esse, was ich ohne viel Aufwand zubereiten kann. Oder was es fertig und warm zu kaufen gibt. Während einer Amerikareise aßen mein Freund Basti und ich drei Wochen lang täglich bei McDonald's. Es hat mir vom ersten bis zum letzten Tag geschmeckt. In Lenas Familie hingegen ist McDonald's tabu.

Als sie vorschlug, wir sollten gemeinsam Pizza machen, und anfing, aus Mehl, Milch und Hefe den Teig zuzubereiten, fielen mir die Augen aus dem Kopf. Auf Lenas Pizzateig musste man warten! Zwei Stunden lang! Er stand einfach herum, mit einem Handtuch zugedeckt, und die Hefe ließ ihn wachsen. Ich hatte die vergangenen zehn Jahre ein Junggesellendasein genossen mit Tiefkühlpizza, Tiefkühlgemüse und Kartoffeln. Da dauerte ein Gericht höchstens eine halbe Stunde.

Mir fällt immer erst bei knurrendem Magen ein, Mittagessen zu kochen, deshalb sind dreißig Minuten das Maximum an Zeit, das ich auf ein Gericht zu warten bereit bin. Ich gebe zu, dass Lenas Pizza besser schmeckt. Nur hat der gute Geschmack seinen Preis: Er erfordert Geduld.

Lena verlangt, dass ich mir nach dem Rasieren die Schaumreste aus dem Gesicht wasche, anstatt sie mit dem Handtuch abzutrocknen. Wegen der „Chemie". Sie spült nach dem Abwaschen jeden Teller und jedes Glas zusätzlich mit klarem

Wasser ab, dabei verwenden wir nicht mal normales Spül-mittel, sondern ein Ökoprodukt, das mir anfangs ziemlich suspekt war.

Alles ist Chemie, versuche ich ihr zu erklären, selbst eine Erdbeere besteht aus Molekülen! Aber Lena unterscheidet streng zwischen Waren mit Biosiegel (die sind gut) und Waren ohne Biosiegel (die sind „giftig"). Vor unserer Hochzeit gingen wir manchmal gemeinsam einkaufen. Sie bezahlte an der Kas-se immer doppelt so viel wie ich, weil sie Bio- und Fairtrade-Produkte kaufte.

Ich habe schon immer den Müll getrennt und war sparsam mit Wasser und Strom. Ist ja nicht so, als wäre mir die Umwelt egal. Nur wozu brauchen Mohrrüben, Kartoffeln oder Äpfel ein Biosiegel?

Mit Lena einen Salat zu schnippeln, das genieße ich inzwi-schen. Frische Tomaten, knackige Gurken – so schmackhaft habe ich früher nicht gegessen. Das Zubereiten braucht mehr Zeit. Und jede Minute davon lohnt sich.

Neulich habe ich eine Gurke durchgeschnitten und sah, wie kurz darauf Abertausende von kleinen Tropfen an der Schnitt-stelle glitzerten. Wie Diamantenstaub. Ich lerne, Stangenselle-rie von Lauch zu unterscheiden. Ich bin dem Essen näher und schätze es von Tag zu Tag mehr.

Von den Massai lernen

Ole Ronkei ist Massai, hat aber auch in den USA gelebt und war Berater der Weltbank. Heute lebt er wieder in Kenia, er wollte seine Kinder in der Kultur der Massai aufziehen. Ole Ronkei kennt beide Welten, den Westen und Afrika.

Ich interviewe ihn und Andreas Malessa für meine Literatursendung „Auserlesen", weil Andreas ein Buch über ihn geschrieben hat. Bevor die Kameras laufen, stelle ich Ole Ronkei Fragen zu seinem Leben in Kenia. Er ist vergnügt und freundlich. Kühe sind für die Massai sehr wichtig, und so frage ich ihn aus Neugier, wie viele Kühe er besitzt.

Da wird er ernst, auch seine Frau sieht mich streng an. Bin ich in ein Fettnäpfchen getreten? Er will nicht antworten. Ihn das zu fragen, erklärt er mir streng, ist, als würde er mich fragen, wie viel Geld ich auf dem Konto habe.

Zum Glück hat die Sendung noch nicht begonnen. Ich entschuldige mich und wir nehmen das Gespräch wieder auf. Ole Ronkei verzeiht rasch, er ist ein gutherziger Mann, es braucht nur wenige Minuten, und ich habe ihn ins Herz geschlossen.

Ich frage ihn, was wir Deutschen von den Massai lernen können. Er lobt unsere Effizienz, sagt, er könne nicht fassen, dass ein Zug bei uns nur anderthalb Minuten hält, und die Leute steigen aus und ein, und dann fährt er weiter, und wer zwei Minuten zu spät kommt, hat den Zug verpasst. Unsere Produkte seien in der ganzen Welt beliebt, lobt er.

Ich wiederhole meine Frage: Was können wir von den Massai lernen?

In einer Kultur, antwortet er, in der die Tagesaufgabe darin besteht, seine Kühe zu hüten, hat man es nicht eilig. Man hat Zeit, mit den Nachbarn zu sprechen. Die hohe Effizienz in Deutschland setzt uns unter Druck, wir sind gestresst. Vielleicht können wir von den Massai einen anderen Umgang mit der Zeit lernen.

Das Gespräch geht mir noch lange nach. Ich frage mich, was der Zeitdruck mit mir anstellt, ob er mich verändert. Zeitdruck macht mich ungnädig, und ich mag mich selbst nicht, wenn ich unwirsch zu anderen bin. Meine schönsten Fähigkeiten verkümmern: die Fähigkeit zu staunen, die Fähigkeit zu genießen, das Mitgefühl.

An der Princeton University führten die Psychologen John Darley und Daniel Batson Einzelgespräche mit Theologiestudenten. Sie forderten sie auf, einen kurzen, spontanen Vortrag über ein biblisches Thema vorzubereiten und anschließend zum Nachbargebäude hinüberzugehen, um den Vortrag dort zu halten. Unterwegs begegnete jeder Student einem Mann, der stöhnend auf der Straße lag, als wäre er soeben zusammengebrochen.

Die Studenten mussten zu Beginn des Experiments einen Fragebogen ausfüllen, in dem sie erklären sollten, warum sie sich entschieden hatten, Theologie zu studieren. Ging es ihnen um persönliche spirituelle Erfüllung? Oder wollten sie anderen Menschen helfen?

Zusätzlich probierten die Psychologen verschiedene Szenarien aus, durch die sie die Studenten auf die Begegnung mit dem zusammengebrochenen Mann vorbereiteten. Einigen wurde als Thema für den Vortrag das Gleichnis vom barmherzigen Samariter vorgegeben, eine Geschichte, die Jesus erzählte: Ein Reisender wird überfallen, zusammengeschlagen und von den Räubern halbtot am Straßenrand liegen gelassen. Ein Priester und ein Levit, die ihn sehen, gehen tatenlos vorüber. Erst ein Samariter – Angehöriger einer Bevölkerungsgruppe, die von den Juden verachtet wurde – hilft dem Verletzten, verbindet seine Wunden und bringt ihn in eine Herberge.

Die Psychologen setzten die Studenten unter Druck. Sie sahen auf die Uhr, als die Studenten ihre Vorbereitungen beendet hatten, und sagten: „Sie sind spät dran, Sie werden schon seit einigen Minuten drüben erwartet. Beeilen Sie sich."

Andere ließen sie in Ruhe arbeiten und sagten ihnen zum Schluss: „Es dauert noch etwas, bis die da drüben so weit sind, aber Sie können schon mal losgehen, wenn Sie wollen."

Dass manche der Studenten gerade das Gleichnis vom barmherzigen Samariter gelesen hatten, steigerte ihre Hilfsbereitschaft nur wenig im Vergleich zu den anderen Studenten. Mehrere von ihnen stiegen über den röchelnden Mann hinweg, so eilig hatten sie es.

Entscheidend war nur, ob man ihnen gesagt hatte, dass die Zeit knapp sei. Von denen, die man gehetzt hatte, halfen 10 Prozent. Von denen, die wussten, dass sie noch Zeit hatten, halfen 63 Prozent.

Hektik macht mich zu einem anderen Menschen. Sie erstickt mein Mitgefühl, zerstört die Wahrnehmungsfähigkeit. John Steinbeck sagte: „Die Sklaven von heute werden nicht mit Peitschen, sondern mit Terminkalendern angetrieben."

Ich will meine Freiheit zurück.

Die Kunst des Wartens

„Zuerst wartete ich langsam, dann immer schneller."
Karl Valentin

Ich glaube, dass es eine Art innere Uhr gibt. Meine Uhr hat sich daran gewöhnt, schnell zu gehen. Alles muss sofort passieren. Video on Demand ist mir lieber als der Weg zur Videothek, auch wenn die Bildqualität schlechter ist. Ich will jetzt klicken und jetzt den Film sehen. Facebook geht schneller als jahrelanger Freundschaftsaufbau. Einmal das Profil überfliegen, klicken – salabim! –, und wir sind Freunde.

Nachrichten brauche ich sofort, nicht erst am Abend. Ich surfe mehrmals täglich auf ein Zeitungsportal, begierig nach Neuigkeiten. Obwohl mich die Nachrichten nicht erfreuen, schlinge und schlinge und schlinge ich sie herunter. Zeit fürs Verdauen habe ich nicht. Ich rede mit niemandem über das Gelesene und denke kaum darüber nach. Warum lese ich es überhaupt? Nach einigen Stunden verschwinden die Neuigkeiten wieder, weil neue aufgetaucht sind, und ich leide unter der Vorstellung, mir könnte eine wichtige Neuigkeit entgehen.

Seit Jahren tröste ich mich mit dem Argument: „Wenn das erst geschafft ist, wird es wieder ruhiger in meinem Leben." Aber nach der Lesereise oder dem fertiggestellten Buchmanuskript geht es genauso weiter wie zuvor.

Durchkreuzt Unvorhergesehenes meine Pläne, werde ich ungeduldig. Es genügt, dass mich jemand anruft und eine freundliche Frage stellt. Schon suche ich nach einem Weg, das Gespräch zu beenden, damit ich noch schaffen kann, was ich mir für den Tag vorgenommen habe.

Bevor ich mich heute an den Schreibtisch setzte, bin ich nach draußen gegangen und habe mich im Garten mit unserem Nachbarn unterhalten. Aus einem bewussten Entschluss heraus. Ich wollte der inneren Uhr eins auswischen. Wir sprachen über seine Bienenvölker, über die Schönheit des Gartens, und ich fragte ihn, ob er als Rentner manchmal das Unterrichten vermisst (er war früher Honorarprofessor und Gymnasiallehrer für Biologie).

Ein alter Mensch sieht mit Gelassenheit auf die Dinge, und die Gelassenheit unseres Nachbarn färbt auf mich ab. Ich habe gemerkt: Es passiert nichts Schlimmes, wenn ich mir ein paar Minuten Zeit für ein Gespräch nehme. Der Tag bricht dadurch nicht auseinander. Im Gegenteil, er wird gestärkt.

Um zu trinken, fliegen die Bienen unseres Nachbarn an das Teichufer. Manchmal fällt eine beim Trinken ins Wasser. Am Nachmittag habe ich eine Biene aus dem Teich gefischt, die offenbar schon eine Weile darin herumgepaddelt war. Sie saß anschließend auf einem Stein und putzte sich, auch die Zunge streckte sie lang aus und wischte sie mit den Beinen ab, als wollte sie den Geschmack des Teichwassers loswerden. Ich beobachtete das pelzige Tierchen und war glücklich.

Das ist, glaube ich, meine Aufgabe: Bienen aus dem Wasser zu retten. Bäume zu gießen. Einem entmutigten Menschen eine Freude zu machen. Ich darf nicht verlernen, die Welt zu lieben.

Ich will das Leben feiern und genießen, will seine Geheimnisse erforschen und es hochachten. Geschmack, Duft und Schönheit sollen mich begeistern, Tiere und Pflanzen faszinierend für mich sein, und Menschen das Kostbarste.

Es stimmt, unsere Welt ist voll von Krieg, Neid und Schmerzen. Aber das Gegenmittel sind nicht Pessimismus und zynisches Beobachten. Das Gegenmittel ist, zu helfen, und sich und die anderen an das Gute zu erinnern. Deshalb will ich in den verborgenen Winkeln danach suchen.

So oft fülle ich meine Zeit mit Ablenkungen, weil ich das Ticken der inneren Uhr nicht mehr ertrage. Dabei sehne ich mich danach, etwas Schlichtes lieben zu können. Ich will mein Herz öffnen für einen Käfer, ein Kinderbild, einen Knopf, eine Feder. Kleines, Schwaches lieben, Schönes und Herrliches, die Bäume, den Wind, der über das Feld fegt, die Sterne. Ich brauche den Krempel nicht, den die Werbung anpreist. Um glücklich zu sein, brauche ich die Fähigkeit zu staunen und eine Liebe für das Verletzliche. So erkenne ich wieder, welche Spuren Gott auf der Erde hinterlassen hat, und kann seine Nähe wahrnehmen wie eine leise Melodie.

Erst wenn ich das Schwache, Hilfsbedürftige liebe und das wunderbar Geschaffene, verstehe ich, wie Gott mich ansieht.

Einer meiner Lieblingsfilme ist „Gladiator" mit Russell Crowe. Obwohl er in den Krieg ziehen muss, hat Maximus Decimus Meridius das Aufbauen, das Wachsen und die Güte nicht vergessen; er sehnt sich regelrecht danach. In der Eingangsszene des Films geht er im Tagtraum durch das Getreidefeld an seinem Haus und streichelt die Ähren.

Das will ich ausprobieren. Nachdem ich mit Lena und ihrer Familie in einem Restaurant in Solalinden gegessen habe, schnappen wir noch ein wenig frische Luft. Ich lasse die anderen vorgehen und spaziere allein am Feldrand entlang. Wie Maximus strecke ich die Hand aus und streichele die Ähren.

Ein tolles Gefühl! Die Halme beugen ihre Köpfe unter meine Hand und richten sich dahinter wieder auf. Es ist Weizen, nicht Gerste wie im Film. Weizen hat keine Grannen. Die Ähren sind dick mit Körnern besetzt, ich spüre ihre Schwere, ihre Fülle, während sie gegen meine Handfläche drücken. Dass die dünnen Halme sie tragen, bei Wind und Wetter! Jeder Halm sieht anders aus, von grün bis goldgelb. Ich wusste gar nicht, dass an Getreidehalmen Blätter wachsen, dünne, schlanke Blätter sind es.

Die prallen Ähren sehen reif aus. Irgendwann in den nächsten Wochen wird ein Mähdrescher über das Feld fahren. Er schneidet das Stroh und drischt die Körner aus. Die Ernte wird in einer modernen Mühle gemahlen, das Mehl an eine

Bäckerei geliefert. Dort knetet man Teig, formt Brote. Im Ofen werden die Laibe braun, es duftet herrlich. Vielleicht kaufe ich eines dieser Brote. Solalinden liegt nahe bei München, wer weiß? Ich bestreiche es dann mit Butter, beiße davon ab und kaue den köstlichen Brotbrei, der herb nach Ofen schmeckt. Ich werde spüren, wie mir Brot und Butter weich den Hals hinunterrutschen und mich sättigen.

So etwas geht nicht schnell-schnell. Der Bäcker kann das Brot nicht aus einem Instantpulver zusammenrühren. Zuerst muss Weizen gesät werden. Die Sonne scheint auf den Acker, Regen bewässert ihn. Der Weizen keimt, er treibt aus, Halme sprießen ins Licht. Erst nach Monaten tragen sie Frucht. Bis die Getreidekörner geerntet und gemahlen und gebacken sind, ist viel Zeit notwendig.

Diese Ruhe darf ich genießen, wenn ich ein Brot esse. Allerdings sieht es in meinem Alltag eher so aus, dass ich in die Küche gehe, mir ein paar Brote zurechtmache, mich an den Computer setze – und wenn ich nach den Broten greife, sind sie weg. Der Teller ist leer. Ich habe sie gegessen, ohne es überhaupt zu merken.

Das allmähliche Verstreichen der Zeit beim Kauen und Essen auszuhalten fällt mir schwer. Und nicht nur dort geht es mir so. In vielen Lebensbereichen habe ich die Kunst des Wartens verlernt. Wenn ich beim Schreiben an eine schwierige Roman-szene gelange, fliehe ich ins Internet, lese Belangloses in Foren und bei Facebook. Dann passiert wenigstens etwas, ich kann es nicht ertragen, auf der Stelle zu treten. Anstatt konzentriert nach einer Lösung zu suchen, entkomme ich in die Ablenkung.

Inzwischen ist es sogar so weit, dass ich, wenn ich abends zur Entspannung einen Film anschaue, ihn mittendrin anhalte und ein wenig im Internet herumsurfe auf der Suche nach den Schauspielern, nach Dingen, die im Film erwähnt werden. Ich ertrage nicht zu warten, bis der Film zu Ende ist. Das Zappen und Weiterklicken habe ich so sehr verinnerlicht, dass ich geradlinige hundertzehn Minuten nicht mehr aushalte. Ich schweife ab, verzweige mich.

Auf Lesereisen wohne ich oft im Hotel. Wenn es dort etwas dauert, bis der Fahrstuhl kommt, drücke ich wieder und wieder den Knopf. Allein schon, dass der Toaster beim Frühstück nicht in Sekundenbruchteilen mein Brot röstet, ist für mich eine Beleidigung. Ich starre ihn ungeduldig an und vermute einen Grund hinter der Verzögerung. Er könnte defekt sein oder klemmen. Noch während er das Brot erhitzt, fange ich an, ihn zu „reparieren".

Die Wahrheit ist: Ein Toast braucht einige Minuten. Ein Roman braucht ein Jahr, manchmal sogar zwei. Getreide wächst über Monate. Eine Liebe, eine Freundschaft wächst über Jahrzehnte.

Seit meiner Kindheit mag ich Computerspiele. Angefangen hat es mit simplen Vergnügungen wie „PacMan" oder „Tetris", dann folgte „Civilization", später entdeckte ich

Echtzeitstrategiespiele. Ich bin nicht wirklich erholt nach einem solchen Spiel. Was ist der Reiz daran?

In der Scheinwelt des Computers werde ich mit ein paar Arbeitern in der Wildnis ausgesetzt. Ich lasse sie Holz hacken, Lagerhäuser errichten, Gold schürfen, Eisenerz abbauen, Getreide anpflanzen und bringe so meine Siedlung zum Wachsen, um sie gegen Angreifer verteidigen zu können.

Bei „Simutrans" baue ich ein Netzwerk von Eisenbahn-schienen, Straßen und Haltestellen, bei „SimCity" baue ich eine Stadt. Das Erobern und Wachsen gefällt mir. Ich glaube, es entspricht uns Menschen, dass wir unsere Fähigkeiten aus-bauen und neue Territorien erkunden.

Dass ich diese Bedürfnisse in einem Spiel zu stillen versu-che, hat einen wichtigen Grund. Im Computerspiel muss ich nicht so mühsam auf Erfolgserlebnisse hinarbeiten wie in der Realität. Die Aufgaben lassen sich deutlich schneller lösen.

Das Spiel „belohnt" mich alle fünf Minuten. Ich werde befördert, verdiene Geld, erobere Gebiete, werde mit Scores und neuen Möglichkeiten beschenkt. Im echten Leben dauert es einen halben Tag, bis ich eine Seite geschrieben habe. Sogar Vergnügungen brauchen Zeit: Fürs Schwimmbad muss ich erst Handtuch und Badehose einpacken, zum Bus laufen, zum Schwimmbad fahren, an der Kasse anstehen. Der virtuelle Urlaub im Computer steht per Mausklick bereit.

Vor etwa einhundert Jahren bahnte sich die heutige Un-geduld an. Es war die Zeit der Zeppeline, der Automobile und der Dampflokomotiven. Die Menschen waren begeistert von den neuen Errungenschaften der Technik, sie waren verliebt in die Geschwindigkeit. Jedes Kind wollte Rennfahrer werden. Wöchentlich wurden neue technische Rekorde aufgestellt.

1909 überquerte der französische Ingenieur Louis Blériot als erster Mensch mit einem Flugapparat den Ärmelkanal; er flog eine selbstgebaute Maschine mit siebzehn Litern Kerosin und Fahrradreifen und landete auf einem Golfplatz nahe Dover Castle. Eine Sensation!

Das Telefon hatte seinen Siegeszug begonnen und Börsen meldeten täglich ihre Kurse. Kaum jemand hielt sich bei Fahrten durch Berlin an die Höchstgeschwindigkeit von fünfundzwanzig Kilometern pro Stunde; die Leute drückten aufs Gas, was zu häufigen Autounfällen führte.

Die „Titanic", der größte Dampfer der Welt, war binnen Kurzem weltberühmt. Man gab dem Dampfer vier Schornsteine, auch wenn einer davon nur eine Attrappe war, denn die Menschen schlossen von der Anzahl der Schornsteine intuitiv auf die Geschwindigkeit des Schiffs.

Bald waren die Ersten auf dem luxuriösen Ozeanriesen unterwegs nach Amerika. Ein Abenteuer. Und was taten sie? Sie setzten sich in der Turnhalle auf das elektrische Pferd und taten so, als würden sie durch eine Landschaft reiten. Auf einem Schiff über den Atlantik zu fahren reichte nicht. Ein Ausritt musste simuliert werden. Spätestens damals begann, dass die Menschen nicht mehr mit dem „Hier" zufrieden sind, sie sehnen sich fortwährend nach dem „Dort".

Genauso geht es mir. Seit ich im Geschwindigkeitsrausch bin, befinde ich mich mit den Gedanken meist schon im Nächsten, bin mir selbst zwei, fünf, acht Schritte voraus. Das Verrückte ist, dass mich die vermeintliche Geschwindigkeit weder effektiver noch glücklicher macht. Ich denke das bloß. Wenn ich beispielsweise mit der Bahn fahre, will ich beim Umsteigen nicht warten. Zehn, höchstens fünfzehn Minuten plane ich dafür ein. Das hat zur Folge, dass ich auf der Zugfahrt zum Umsteigebahnhof dauernd auf die Uhr sehe und Schweißausbrüche bekomme, wenn sich einmal die Weiterfahrt verzögert. Ich weiß genau: Sollte mein Zug auch nur eine geringe Verspätung haben, verpasse ich den Anschluss und sitze eine Stunde am Umsteigebahnhof herum, um auf den nächsten Zug zu warten.

Ich frage den Zugbegleiter, ob wir auch pünktlich sind, und zähle die Minuten. Dann, endlich, treffen wir ein, und ich renne zum anderen Gleis. Wie oft bin ich schon durch Bahnhöfe gesprintet!

Einen Anschlusszug nicht zu erwischen bedeutet für mich große Unannehmlichkeiten. Bei Reisen über weite Strecken – was auf Lesetouren dazugehört – muss ich mehrfach umsteigen. Verpasse ich die erste Verbindung, gibt es eine Kettenreaktion, und ich komme womöglich am Zielort erst an, wenn längst die Lesung begonnen haben soll.

Zehn Minuten mehr Umsteigezeit würden den ganzen Reisetag zu einem entspannten Erlebnis machen. In Russland wird der Stress auf einfache Art vermieden: Da halten die Züge oft dreißig, vierzig Minuten in größeren Bahnhöfen. Das verschafft Übergangszeit für Verspätungen. Auch in Deutschland habe ich Freiheiten. Ich kann die gewünschte Umsteigezeit schon beim Buchen angeben.

Durch Hektik schaffe ich nicht mehr. Ich bin in Ruhe viel produktiver, das habe ich gerade wieder erlebt. Ich musste zu einem Termin, bei dem ich über Nacht fortbleiben würde, und durfte die Bahn nicht verpassen. Gerade wollte ich los, hatte alles eingepackt – da fiel mir ein, dass ich ja Wäsche gewaschen hatte. Sollte ich über Nacht die nasse Wäsche in der Waschmaschine lassen? Auf keinen Fall! Mein Lieblingshemd war darunter. Die Vorstellung, es nach der Heimkehr stinkend und zerknittert aus der Trommel zu zerren, war unerträglich für mich.

Also versuchte ich, innerhalb von zwei Minuten die Wäsche aufzuhängen. Ich hatte das Hemd zugeknöpft gewaschen. Schon hundertmal habe ich von unten einen Bügel in ein zugeknöpftes Hemd geführt und es daran aufgehängt. In der Hektik aber verheddert ich mich mit dem Bügel. Ich versuchte hastig, ihn von innen in die Ärmel zu schieben, hatte bald nur noch ein Knäuel in der Hand und irgendwo darin verknotet den Bügel, warf die anderen Sachen über den Wäscheständer, würgte weiter am Hemd …

Hänge ich an einem gewöhnlichen Tag die Wäsche auf, dauert das etwa fünf Minuten. Der Versuch, es in zwei Minuten zu schaffen, kostete mich zehn.

Ich glaube, die Gesellschaft hat sich überhitzt, wie ein Computer, dem man mehr und mehr Leistung abverlangt, oder wie ein Auto, das man im Hochsommer die Berge hinaufjagt. Es ist gut, dass wir eine starke Wirtschaft haben; Vielfalt, Kultur und Freizeit gäbe es in einer verarmten Gesellschaft nicht. Aber wir haben es übertrieben. Wir müssen runter vom Gas.

Zu Besuch bei den Schwiegereltern mache ich ernst. Ich setze mich in einen Sessel und lese. Eine ihrer Katzen springt mir auf den Schoß, sie schnurrt, einfach so, weil ihr die Nähe zu mir gefällt. So möchte ich leben!

Begeistert berichte ich am Abend bei Facebook davon. Jemand antwortet: „Möchte gerne tauschen. Katze hätte ich und an Büchern mangelt es auch nicht – nur an der Zeit." Eine weitere Leserin schreibt: „Geht mir genauso. Dabei sollte man sich einfach diesen Luxus gönnen; sich die Zeit nehmen."

Waldrappentraining

Als Schulkind transportierte ich mein Pausenbrot in einer Blechdose. Einmal aß ich am letzten Schultag das Brot nicht auf und vergaß es die gesamten Sommerferien darin. Das gab ein Festmahl für die Schimmelpilze! Am letzten Ferientag wollte ich die Schultasche packen und fand die Dose darin. Ich öffnete sie, und eine beißende Wolke von Schimmelsporen paffte heraus.

Heute kann ich mir gar nicht mehr vorstellen, ein Käsebrot in einer Dose zu transportieren. Fällt es da nicht auseinander? Ist die Dose denn wirklich sauber? Wenn ich Proviant für eine Bahnfahrt vorbereite, wickele ich die belegten Brote einzeln in Frischhaltefolie ein und stecke sie anschließend in einen Plastikbeutel. Ich habe mich daran gewöhnt, dass alles eingeschweißt auf den Tisch kommt.

Kaufe ich Gemüse ein, sieht es aus wie im Bilderbuch. Die Äpfel haben keine Wurmstiche und keinen Schorf, die Bananen keine braunen Flecken. Paprika ist nach Farben sortiert und in Plastikbeutel verpackt, Cocktailtomaten werden mundgerecht in durchsichtigen Schalen verkauft. Den Möhren hat man das Kraut entfernt und sie in Waschanlagen vorgewaschen, anschließend wurden sie in Folie eingeschweißt. Sie sehen aus, als hätten sie nie Erde gesehen. Auch die Kartoffeln sind so sauber, dass ihnen kaum noch ein Staubkorn anhaftet.

In meiner DDR-Kindheit war das anders. Man bekam die Möhren dreckig in einer braunen Papiertüte. Auch die Kartoffeln musste man erst waschen, bevor man sie in den Topf gab – sie waren schwarz von der Erde. Äpfel aß man oft mit einem Messer, weil es braune Stellen herauszuschneiden gab.

Will ich in diese Zeit zurück? Nein. Ich mag es, die Möhre aus dem Kühlschrank zu nehmen und gleich zu essen. Aber irgendwie fehlen mir die kleinen, schrumpeligen Äpfel mit ihrem intensiven Aroma, die wir aus Omas Garten erhielten. Ich vermisse es, Himbeeren vom Strauch zu pflücken, Sauerampfer zu essen und die süßen Blüten der Taubnesseln auszusaugen. Ich bin von der Natur getrennt und leide darunter. Schuhleder trennt mich von ihr, Glasscheiben, Metall, Plastik. Die moderne Welt will mich von allem fernhalten, was lebt.

Im Zug kann man die Fenster nicht mehr öffnen, im Auto bilden Gebläse und Klimaanlage die einzige Verbindung zur Außenwelt. Reise ich eine weite Strecke, für die Zug und Auto nicht genügen, werde ich mittels Röhren ins Flugzeug geleitet, ich betrete nie das sonnige Rollfeld. Statt mich ins Gras zu legen und Hummeln, Grillen und Ameisen zu beobachten, gucke ich eine Tierdoku. Der Bildschirm hält Abstand zu mir, er krabbelt mir nicht auf die Hand und summt mir um die Ohren.

Gesellschaftlich wird erwartet, dass wir die Wohnung von „wilden" Tieren freihalten. Ich mag die Spinnen, die in den Zimmerecken hausen, aber wenn Gäste kommen, müsste ich sie eigentlich rauswerfen (die Spinnen, nicht die Gäste), um den Normen zu genügen. Fruchtfliegen sind eine Katastrophe, von Silberfischchen ganz zu schweigen.

Niemand läuft im Sommer barfuß. Wir denken sofort an Bienen, Scherben, Schmutz. Ich sehe kaum noch Kinder, die in den Bäumen herumklettern oder sich durch die Büsche schlagen, und am Teich fängt niemand Molche. Wie habe ich das damals geliebt – einen Molch im Wasserglas zu beobachten, bevor ich ihn wieder freiließ!

Eine Freundin unserer Nachbarn hat in ihrem Garten einen großen Springfrosch eingefangen und brachte ihn gerade vorbei. Wir haben ihn gemeinsam im Teich ausgesetzt. Er ist so groß, dass er es kaum schaffte, aus dem Wasser auf ein Seerosenblatt zu klettern. Der größte Frosch, den ich je gesehen habe. Zieht euch warm an, ihr Fliegen und Mücken!

Warum macht es mich so glücklich, diesen Frosch zu sehen? Ich verspüre eine Sehnsucht nach dem Grünen, Verblüffenden, Lebendigen.

Anfang der Woche war ich zum ersten Mal dabei, als ein Pferd beschlagen wurde. Ich habe gestaunt, wie ruhig es dastand, während ihm der Schmied die glühenden Eisen an die Hufe hielt. Das zischte und dampfte! Dann hämmerte er wieder auf dem Eisen herum, hielt es auf dem Amboss mal so und mal so, und das Pferd wartete einfach und ließ sich vom metallischen Singen des Hufeisens unter den Hammerschlägen nicht erschrecken.

Später ritten wir durchs Gelände. Ich hörte den kräftigen Atem der Stute, lenkte sie über das Gras am Feldrand. Sie sah eine schöne Strecke vor sich und war kaum noch zu bändigen. Ein kleiner Fersendruck genügte, schon galoppierte sie los. Der Wind blies mir ins Gesicht. Tief pumpte ich die frische Luft in meine Lungen und fühlte mich, als würden wir fliegen, die Stute und ich.

Lena erzählt immer wieder begeistert von Rudi. Die Geschichte geht so: Ihr Kater brachte eines Tages eine junge Amsel, die er aus dem Nest geholt hatte. Die Mutter hätte den Vogel nicht wieder ins Nest gelassen, er roch nach Katze, also kauften ihm Lena und ihre Familie einen geräumigen Käfig und zogen ihn auf. Er piepte hungrig. Sie gruben in den Gartenbeeten nach Regenwürmern und brachten sie ihm. Da öffnete er den Schnabel und reckte ihn nach oben, wie ein hungriges Vögelchen das tut, und schluckte jeden Wurm, den man hineinhängen ließ.

Rudi wurde zahm, das Amselmännchen saß auf Lenas Finger und ließ sich das Federkleid streicheln. Irgendwann wurde Rudi flügge und sie ließen ihn frei. Er kam immer wieder zurück. Er mochte die Menschen, die ihn aufgezogen hatten. Bis er sich ihnen irgendwann entwöhnte und in der Freiheit blieb.

Wenn Lena davon erzählt, wie sie das Amselmännchen auf dem Finger gehalten hat, strahlen ihre Augen vor Begeisterung. Wir sehnen uns nach mehr Kontakt mit der Natur. Wir tragen in uns den tiefen Wunsch, die Geheimnisse dieser Welt zu ergründen, Tiere zu beobachten, selbst etwas auszusäen und den Pflanzen beim Wachsen zuzuschauen.

Ich habe immer in Städten gelebt, auch schon als Kind. Die Sehnsucht nach der Natur verspürte ich trotzdem. Weil wir keinen Garten hatten, säten meine Brüder und ich heimlich auf einem kleinen Friedhof Kresse und Schnittlauch aus. Unsere Mutter freute sich über die Ernte, bis sie erfuhr, wo unsere Kräuter gediehen … Von da an wollte sie nichts mehr davon für die Küche haben.

Wahre Philosophie beginnt mit dem Staunen, sagte Aristoteles. Unsere postmoderne Philosophie aber baut auf dem Zweifel auf. Wir gehen zunächst einmal negativ an die Dinge heran. Das gibt dem ganzen Leben die Grundstimmung. Den Werbebotschaften dürfen wir nicht trauen, Verkäufern nicht, Telefonanrufern genauso wenig. Datenkraken belauern uns, die Medien manipulieren uns, Trickdiebe nutzen unser Mitleid aus. Kein Wunder, dass wir da zu Skeptikern werden.

Trotzdem halte ich den Ansatz von Aristoteles für gesünder. Das Staunen ist ein besseres Fundament. Ich will kein abgebrühter Mensch sein, den nichts mehr berührt. Lieber falle ich von Zeit zu Zeit auf einen Gauner herein, als mir einen Panzer zuzulegen, der mich abstumpfen lässt. Lieber trete ich mal auf eine Scherbe, als nie wieder barfuß zu gehen. Lieber werde ich von einer Biene gestochen, als mich für alle Zeiten von Wiesen und Blüten fernzuhalten.

Es gibt nichts Alltägliches! Wenn ich mich näher mit dem vermeintlich Alltäglichen beschäftige, stelle ich fest, dass kein Augenblick dem anderen gleicht. Nichts ist gewöhnlich, kein Apfel, den ich esse, kein Schritt, den ich gehe. Jeder Sonnenuntergang ist einzigartig. Jeder Grashalm, jede Schneeflocke, jedes Kinderlachen – alles hat seinen eigenen Zauber. Die Momente sind nicht miteinander zu vergleichen. Was ich jetzt erlebe, werde ich nie wieder so erleben.

Die Katze meines Bruders Julian liebt es, in einem flachen Karton durch die Wohnung getragen zu werden. Dann schnurrt sie und schaut erhaben wie eine Königin von ihrem Pappthron auf die Welt herab.

Neulich haben wir Maiskolben gekauft, sie kurz in kochendem Wasser erhitzt, mit Butter bestrichen, gesalzen und gegessen. Es war herrlich! Die Butter zerlief auf dem heißen Mais und ich grub meine Zähne in den Kolben. Die süßen Maiskörner zerplatzten in meinem Mund. Auf diese Weise den Hunger zu stillen war grandios!

Beim Friseur die Haare gewaschen zu kriegen, mit diesem angenehmen warmen Wasser und dem Massagegriff der Friseurin. Ein Buch zu schließen, nachdem ich die letzten Seiten gelesen habe, und rundum glücklich mit diesem Buch zu sein; zu spüren, dass es mich verändert hat, reifer gemacht hat; sich auf das nächste Buch zu freuen, das ich am Abend beginnen kann.

Wenn ich nicht bloß vorübereile, sondern hinsehe, wartet das Glück überall. Allein schon, von Lena zum Essen gerufen zu werden, gibt mir Frieden ins Herz. Dann ist der Tisch schön gedeckt und es brennt eine Kerze – ich fühle mich jedes Mal so geliebt von ihr!

Auf dem Weg von der U-Bahn nach Hause bleibt Lena an einem Busch stehen, dessen Blüten über den Zaun auf den Gehweg hängen. Sie riecht daran und freut sich über den Duft. Lena liebt Duftendes und gute Gerüche, sie ist ein Mensch mit feiner Nase. Sie sagt: „Aber man muss stehen bleiben. Die Blumen drängen einem den Duft nicht auf."

In Washington spielt ein Mann an einem kalten Januarmorgen Violine. Nach etwa vier Minuten erhält er seinen ersten Dollar. Eine Frau wirft den Dollarschein in seinen Hut, während sie vorübereilt.

Der Musiker spielt die *Chaconne* aus Johann Sebastian Bachs Partita für Violine solo in d-Moll, eines der großartigsten Musikstücke, die je geschrieben wurden. Unerhört schwer zu meistern, wie jeder Violinist weiß. Johannes Brahms, selbst berühmter Komponist, bewunderte Bachs Geniestreich, er sagte: „Die *Chaconne* ist mir eines der wunderbarsten, unbegreiflichsten Musikstücke. Auf ein System für ein kleines Instrument schreibt der Mann eine ganze Welt von tiefsten Gedanken und gewaltigsten Empfindungen. Hätte ich das Stück machen, empfangen können, ich weiß sicher, die übergroße Aufregung und Erschütterung hätten mich verrückt gemacht."

Der Geiger an der Metrostation L'Enfant Plaza beherrscht das Stück tadellos, er beseelt es regelrecht, spielt mit Enthusiasmus und tiefster Empfindung. Dann spielt er *Ave Maria* von Franz Schubert, danach Manuel Ponces emotionales Stück *Estrellita*, anschließend etwas von Jules Massenet und eine fröhliche Gavotte von Bach.

Tausendeinhundert Leute gehen vorüber. Nur sieben bleiben stehen und hören zu. Der Musiker nimmt 32 Dollar ein. Als eine Dreiviertelstunde vorüber ist und auch die sieben Leute gegangen sind, hört er auf zu spielen. Niemand von den Vorbeieilenden nimmt Notiz davon oder applaudiert gar für die Darbietung. Der Mann packt seine Geige ein und verlässt die Metrostation. Er heißt Joshua Bell und ist einer der besten Geiger der Welt. Auf seiner Violine im Wert von dreieinhalb Millionen Dollar – 1713 gebaut von Antonio Stradivari – hat er meisterhafte Musik gespielt, wie zwei Tage zuvor in der ausverkauften Symphony Hall in Boston, nur dass die Leute dort die Plätze zu einem Durchschnittspreis von 100 Dollar erworben haben.

Die Washington Post hatte ihn zu dem Experiment überredet, verkleidet als Straßenmusiker an der Metrostation aufzutreten. Sie wollte herausfinden, ob wir Schönheit in einem alltäglichen Umfeld wahrnehmen können, auch wenn uns der Zeitpunkt nicht passt, und ob wir uns die Muße nehmen, sie wertzuschätzen.

Das Video anzusehen, das eine versteckte Kamera aufzeichnete, sei eine Qual, schrieb später ein Reporter der Washington

Post. Beim wiederholten Anschauen habe er sich gefragt: Die Leute laufen einfach vorüber, ist der Geiger wirklich dort? Aber der Geiger war da und spielte. Waren die vorbeieilenden Leute wirklich dort?

Von den tausendeinhundert Passanten blieben nur sieben stehen, um einem musikalischen Genie zuzuhören, während es wundervolle Musikstücke auf einem Weltklasseinstrument spielte.

Wie viele andere Gelegenheiten verpassen wir, während wir durchs Leben hasten? Schlimmer noch: Verlieren wir in der postmodernen Zeit das Empfinden für Schönheit? Können wir sie in unserem Lebenstempo überhaupt noch wahrnehmen?

Kurzes Innehalten intensiviert den Augenblick. Manchmal gelingt mir das. Ich höre einen Vogel singen und bleibe stehen. Ich spähe in den Baum hinauf. Wenn ich den Sänger dann entdecke, ist das Zuhören doppelt so schön; ich kann seinen Schnabel sehen, die kleinen Augen, die aufgeplusterte Brust. Ich höre intensiver zu und freue mich über das kleine Geschöpf.

Das bewusste Wahrnehmen lässt sich einüben wie eine Fingerfertigkeit oder eine neue Sprache. Genauso, wie ich mir angewöhnt habe zu hetzen, kann ich auch wieder lernen, friedlich durch den Tag zu spazieren.

Manchmal gehen die gesündesten Gewohnheiten verloren und müssen erst wieder trainiert werden. Waldrappe, schwarze Schreitvögel mit gebogenem Schnabel, lebten früher in den deutschen Wäldern in großen Kolonien gesellig beisammen. Im Dreißigjährigen Krieg aber wurden sie ausgerottet, weil man sie vor lauter Hunger aufaß, bis zum letzten Tier. 2007 versuchte man, sie wieder in Deutschland anzusiedeln. Allerdings waren sämtliche Tiere im Zoo aufgewachsen und besaßen zwar den Zugvogelinstinkt, kannten aber den Weg zum Winterquartier nicht. Ihre Elternvögel im Zoo hatten ihnen den nie zeigen können.

Die Lösung? Biologen trainierten mit den freigelassenen Tieren. Sie flogen einfach mit. Die jungen Waldrappe folgten ihren Ziehvätern überallhin. Für die Reise nach Italien saßen die Trainer in Ultraleichtfliegern. Damit die Vögel ihnen folgen konnten, flogen sie extra langsam. Die Waldrappe sahen das Flugzeug als „Leittier" an und banden es sogar immer wieder in ihre Formation ein.

War es damit geschafft, kannten die Tiere den Weg? Nein. Vier Jahre lang mussten sie weiter von den Biologen begleitet und ins Winterquartier gelockt werden. Dann erst begannen die ersten Tiere, den Flug eigenständig anzutreten.

Mich vom Stress zu befreien genügt nicht. Ich muss auch das Staunen wieder lernen. Auf dem Weg zum Supermarkt bemühe ich mich, gemächlich zu gehen. Wer schlendert, sieht mehr von der Landschaft! Andererseits, hier ist keine Landschaft, das ist München, da sind nur Straßenlaternen, Häuser und namenlose Menschen. Die Leute tragen Taschen und Aktenkoffer und Einkaufstüten und tun so, als würden sie einander nicht sehen. Jeder ist mit seinem eigenen Tag beschäftigt. Man setzt ein gleichgültiges Gesicht auf und weicht sich aus, vermeidet den Blickkontakt, sieht stur geradeaus. Am Straßenrand stehen in einer langen Reihe Autos, der dunkle Audi muss gerade erst eingeparkt worden sein, ich spüre die Wärme, die er absondert, seine Motorhaube tickt, während sie allmählich abkühlt.

Haustür folgt auf Haustür. Bei Rot verstummt für kurze Zeit der Verkehrslärm, es sind drei Schweigesekunden, bis die anderen Grün bekommen und ihre Motoren aufbrummen lassen.

Das ist für mich Alltag. Ich bin in Leipzig geboren, habe achtzehn Jahre in Berlin gelebt und wohne jetzt in München. Was soll ich am Großstadtlärm bestaunen? Ich will mir ja Zeit nehmen, nur kann ich kein Wunder finden, das mich in seinen Bann zieht.

Missmutig sehe ich auf den Boden – und muss plötzlich lächeln. Wie blind ich doch geworden bin! Während ich Menschen und Autos anglotzte, habe ich Königreiche passiert. Ihre Wächter stehen an den Toren, bereit, sich zum Schutz der Verwandten todesmutig in den Kampf zu stürzen. Arbeiter schleppen Bauschutt heraus, ständig wird die unterirdische Stadt erweitert, werden Schäden repariert und neue Straßen errichtet. Andere kehren heim und bringen Nahrung mit für die Heranwachsenden. Jedes Volk wird von einer Königin regiert, Pflegerinnen umsorgen sie.

Wie oft bin ich an den Toren der Ameisenvölker vorübergegangen, habe ein paar von ihnen zertreten, war unaufmerksam, gleichgültig, und habe das Erstaunliche nicht gesehen? Allein in meiner Straße muss es Hunderte unterirdischer Ameisenstädte geben. Manche bekriegen sich, andere leben friedlich nebeneinander. Die Ameisen lesen jede Woche kiloweise Müll auf, zerteilen ihn mit ihren Mundwerkzeugen, verfüttern das Verwertbare an ihre Puppen. Es existiert da eine unterirdische Parallelwelt, die ich das ganze Jahr über vergesse, weil ihre Bewohner so klein sind. Mitten in der Stadt klettern sie in die Bäume hinauf, um Läuse zu melken. Ihre Straßen führen zu Papierkörben und in U-Bahn-Schächte hinab.

Ich muss an meine Lesungen in Portugal denken, sie liegen nur ein paar Monate zurück. Vor der Veranstaltung in Albufeira ging ich an der Steilküste spazieren, ich genoss den herrlichen Blick auf das Meer. Da bemerkte ich eine Ameisenstraße, die meinen Menschenpfad entlangführte, die Ameisen benutzten einfach denselben Weg. Sie liefen so emsig darauf entlang, eine endlose Kolonne von Insekten, dass sich eine Senke in den Menschenweg eingegraben hatte. Zehntausende von Beinchen hatten im Gehen Sandkörner beiseitegeschoben, bis es eine „Straße in der Straße" für die Ameisen gab.

Ich will nicht länger vorüberhetzen. Ich kauere mich nieder und schaue zu, wie die Ameisen ihr Eingangsloch mit einem kleinen Wall umgeben. Eine nach der anderen kommt heraus und legt einen Erdkrümel dazu, bis das Loch in einem Trichter liegt. Es wird wohl bald regnen, die Ameisen bauen einen Wall, damit das Regenwasser nicht in die unterirdische Stadt spült.

Ihre glänzenden Körper, die kleinen Köpfchen! Sie schleppen eine tote Fliege heran, fünfmal größer als sie selbst. In der Insektenwelt müssen sie als ein Volk von Kraftmeiern gelten.

Die Sonne bricht durch die Wolken und scheint mir ins Gesicht. Ich stehe auf. Das Sonnenglühen wärmt meine Hose, das Hemd und darunter den Körper. Hier zu rasten, zu meinen Füßen die Ameisen, im Gesicht die Sonne, macht mich glücklich.

Mein Schwiegervater wurde kürzlich an beiden Augen operiert, er hatte grauen Star. Jetzt sieht er die Farben wieder leuchten, sagt er, und ihn wundert der Anblick, weil er gar nicht mitbekommen hatte, dass die Welt für ihn blass geworden war. Das muss graduell passiert sein, erklärt er mir. So langsam, dass er es nicht wahrgenommen hat.

Bin auch ich blind geworden und merke es nicht, weil das Erblinden so langsam geschieht wie das Erwachsenwerden? Forscher stellten in Untersuchungen fest, dass unser Blick immer kürzer auf den Dingen verweilt. Seit Jahrzehnten reduziert sich die „Blickverweildauer". Vielleicht habe ich deshalb das Gefühl, dass die Welt sich schneller dreht. Warum sehe ich die Dinge nicht mehr an? Warum hetze ich weiter, anstatt die Wunder wahrzunehmen, die mich umgeben?

In meiner Jugendzeit dachte ich, ich bin anders, ich bin ein Le-benskünstler, einer, der das kindliche Staunen und die Aben-teuerlust nie verliert. Ich habe die Bürokraten bemitleidet, die Lohnarbeiter und die Alltagsgestressten, und war überzeugt davon, dass ich mein Leben anders gestalten würde.

Die Gesichter der Erwachsenen waren oft müde. Viele genossen selbst ihre Freuden mechanisch, lachten, weil man eben lachte, sagten nette Dinge, und es klang wie eine auswen-dig gelernte Floskel. Ich nahm mir vor, nie so zu werden.

Heute, mit 33, laufe ich genauso Gefahr, mich dem alltägli-chen Druck zu unterwerfen. Vier von fünf Deutschen wün-schen sich mehr Ruhe, las ich in der Zeitung. Kann man es überhaupt schaffen, als Erwachsener dauerhaft Ruhe zu finden abseits des dahinjagenden Lebensstroms?

Ich will ins Gras sinken und den blauen Himmel bewun-dern. Aber ich muss Geld verdienen, muss eine Wohnung mieten, mich kleiden, Essen zubereiten. Die Menschen um mich herum – meine Frau, meine Familie, die Freunde, die Kollegen – haben berechtigte Ansprüche an mich. Oft konkur-riert mein Aufgabenzettel mit dem Leben der Muße und des dankbaren Staunens.

Oscar Wilde schrieb: „Wir alle schreiten durch die Gasse, aber einige wenige blicken zu den Sternen auf." Das will ich nicht verlernen: zu den Sternen aufzublicken. Zugegeben, ich kann mein Leben nicht komplett umkrempeln. Aber im Klei-nen kann ich der Hektik widerstehen.

Bisher habe ich acht Minuten bis zur U-Bahn eingeplant und musste jedes Mal rennen. Heute gehe ich zeitiger los, ich plane zwölf Minuten ein. Unterwegs bemerke ich einen Sperling, der das Betteln ziemlich gut drauf hat. Er pickt unsichtbare Krümel auf und sieht dann mit schiefgelegtem Kopf nach oben zu einem brötchenessenden Menschen, tschilpt auffordernd, hüpft ein Stück, schaut wieder niedlich hinauf und wartet.

Ein Stück weiter zieht eine Frau mit der Leine einen Hund hinter sich her. Den Hund aber trägt ihr Mann auf den Armen. Sie zieht also an der Leine ihren Mann und ihren Hund. Sieht witzig aus!

Es macht Spaß, gemütlich zur U-Bahn zu spazieren, anstatt zu rennen. Den Druck aus dem Alltag zu nehmen ist nicht unmöglich. Schon Kleinigkeiten machen einen Unterschied: zwölf Minuten statt acht.

Am Abend liege ich neben Lena im Bett, das Fenster steht offen. Sie sagt: „Schön, wie die Grillen zirpen."

Jetzt höre ich es auch, tatsächlich, draußen zirpen die Grillen. „Ein richtiges Sommergeräusch", sage ich. „Erinnert mich an Ferien und Zelturlaub und Badeseen."

„Was machen die da eigentlich, wie entsteht das Geräusch?", fragt sie.

Ich bin mir nicht sicher, aber um klug rüberzukommen, erkläre ich: „Sie reiben die Beine über ihren Hinterleib. Sonst können sie sich im Gras nicht finden für die Paarung."

Ich lausche auf das Zirpen und stelle mir die kleinen Grashüpfer vor, wie sie ihre Hinterbeine am Körper entlangschieben.
Ein schöner, immer wiederkehrender Klang, er macht mich
ruhig. Ich werde gut einschlafen können. „Heute fangen sie
damit an, alle zugleich. Warum heute?", frage ich. „Haben sie
sich abgesprochen?"

Lena sagt: „Die zirpen doch schon seit Tagen jeden Abend."

„Wirklich?" Jeden Abend haben sie ihr Konzert gegeben,
und ich habe es nicht ein einziges Mal gehört! Ich brauche
ein Waldrappentraining. Ich habe den Weg in den Süden
vergessen.

Einen Tag lang herumlümmeln

Ich habe neuerdings graue Haare, links oben an der Stirn.
Traf ich mich mit anderen Autoren oder mit jemandem aus
dem Verlag oder für ein Interview mit Medienleuten, war ich
bislang jedes Mal jünger gewesen als mein Gegenüber. Jetzt
ändert sich das. Ich habe wieder und wieder mit Menschen zu
tun, die mich „unterbieten". Jüngeren Autoren. Jüngeren Journalisten. Einer jungen Buchhändlerin muss ich Mut machen,
weil sie sich vor ihrer Anmoderation für die Lesung fürchtet.
In meiner Literatursendung sind die Talkgäste jünger als ich.
Es gibt jetzt sogar einen Bundestagsabgeordneten, der neun
Jahre nach mir geboren ist! Eine Frechheit.

In der Unibibliothek werde ich von den Studenten gesiezt.
Dabei habe ich bis vor fünf Jahren selbst noch studiert. Haben
mich die letzten Jahre so viel älter gemacht? Sie gucken mir ins
Gesicht und sehen: Der ist keiner von uns.

Leute, die von allen bewundert werden, scheiden mit 30
aus. Sportler, Schauspielerinnen. Es gibt keine Filmrollen
mehr für sie, keinen Platz auf dem Spielfeld. Sie sind zu alt,
in unserer Gesellschaft muss man jung sein. Man muss „gut
drauf" sein. Früher einmal war das Alter angesehen, heute
wird es verachtet. Die Alten können mit der Geschwindigkeit unserer Welt nichts anfangen, mit halbjährlichen neuen
Moden, technischen Geräten, Lifestyle-Accessoires. Sie sind

einfach zu langsam und Bedächtigkeit ist verpönt. Die Devise lautet: „Sei jung! Sei fit! Sei schnell!"

Synonyme für das Wort *langsam* haben beinahe ausschließlich einen negativen Klang im modernen Ohr: zäh, stockend, behäbig, zögernd, lahm, schleppend, schwerfällig, schwunglos, träge. Für uns ist der einzige akzeptable Weg der, etwas schnell zu tun. Schnell noch zur Post gehen, schnell etwas nachschauen, schnell Geschenke kaufen bis Weihnachten.

Dass wir körperliche Grenzen haben, dass unsere Leistung mal ansteigt und mal abfällt, wollen wir nicht akzeptieren. Im Grunde erwarten wir von uns, ein Roboter zu sein, eine Maschine, die nie ermüdet. Es frustriert uns, an unsere Grenzen zu stoßen.

Dabei lebe ich glücklicher, wenn ich meine Erschöpfung akzeptiere. Es ist schön, zur Erholung einen Tag lang herumzulümmeln, zu lesen und Filme zu gucken. Oder einen Ausflug zu machen: Gerade war ich übers Wochenende in den Alpen. Ich habe Lämmchen auf den Wiesen springen und Kühe durch eine Furt waten sehen. Das Schönste war, bis zu den Knien im kristallklaren Bergsee zu stehen und zu beobachten, wie ein Schwarm junger Schleien mir die Füße anknabbert. Ich habe gelacht, weil ihre Fischmünder mich kitzelten.

Als ich wieder zu Hause war, fühlte ich mich so erholt, dass ich mich mit Vergnügen wieder an den Schreibtisch gesetzt habe. Ich hatte richtig Lust darauf zu arbeiten.

Natürlich ist es ärgerlich, dass ich älter werde. Ich genieße das Leben und tue, was immer ich kann, um es zu verlängern. Wobei mir peinlicherweise absurde „Tricks" oft leichter fallen als das wirklich Sinnvolle: Sport und frische Luft und gesundes Essen.

Auf öffentlichen Toiletten beispielsweise bin ich besorgt, ich könnte mir eine Krankheit einfangen, wenn ich den Türknauf oder gar die Toilettenbrille anfasse. Ich habe mal gelesen, dass laut Statistik die wenigsten Leute die erste Toilettenkabine in einer Reihe benutzen, und seitdem nehme ich immer die, in der Hoffnung, meine Überlebenschancen damit etwas zu erhöhen.

Letzten Endes muss ich wohl einsehen, dass ich es nicht im Griff habe. Ich kann das Altern nicht aufhalten und ich kann mich nicht vor allen Krankheiten schützen. Aber ich kann beim Abklingen einer Erkältung spüren, wie meine Kräfte wiederkehren. Ich kann mich an der Gesundheit und am Leben freuen. Den Moment genießen, wenn im Kino das Licht ausgeht, und mein Bauch ist voller Vorfreude auf den Film. In der Küche heizen und immer wieder die Ofentür öffnen, weil ich so gerne sehe, wie das Holz brennt. Dann sitzen Lena und ich am Küchentisch, und ich höre, wie es wohlig knackt im Ofen, und es wird warm.

Die Kunst, sich keine Sorgen zu machen

Lena weckt mich mitten in der Nacht. „Hast du das gehört?"
Sie schaut mich mit angstgeweiteten Augen an.

„Was meinst du?"

„Einbrecher! Hör doch."

Ich spähe aus dem Fenster. Nichts zu sehen. Es gibt Geräusche, ein lautes Rumpeln. Mir schnürt sich die Kehle zu. Steht
da einer im Dunkeln Schmiere? Wenn er mich hier am Fenster
sieht, ruft er bestimmt seine Kumpane, und sie kommen
raufgestürmt ins Schlafzimmer, um uns mundtot zu machen.
Warum haben wir bloß die Haustür nicht abgeschlossen!

Wie könnte ich mich wehren? Ich besitze eine Maglite-
Taschenlampe, ein klobiges Teil. Aber ich könnte niemals so
entschlossen zuschlagen wie die Ganoven; diese Kerle haben
Erfahrungen mit Prügeleien, ich nicht.

Das Herz schlägt mir bis zum Hals. Wo liegt das Handy? Ich
hab mal gelesen, man soll das Stichwort *gegenwärtig* verwenden, damit sofort die Polizei kommt. Sonst nehmen sie einen
in der Notrufzentrale nicht ernst. Ich muss sagen: „Ich werde
gegenwärtig von Einbrechern bedroht." Wenn allerdings die
Diebe mitkriegen, dass ich telefoniere, erschlagen sie mich,
bevor ich die Adresse durchsagen konnte.

Ich sehe auf die Uhr. „Es ist erst halb zwölf", flüstere ich.
„Wenn ich Einbrecher wäre, dann würde ich bis um drei warten.

Jetzt sind doch zu viele Leute wach. Vielleicht kommen die Geräusche von nebenan?" Wir lauschen. Es ist nichts mehr zu hören. Nach einer Weile traue ich mich – mit der schweren Taschenlampe als Knüppel – nach unten. Das Haus ist still und leer. Ich schließe die Wohnungstür ab.

Nichts fehlt, kein Fenster ist eingeschlagen, und trotzdem liege ich noch lange wach, hellhörig, aufmerksam. Die Vorstellung, dass Fremde ums Haus schleichen, lässt mir keine Ruhe.

Am nächsten Morgen sind wir beide gerädert. Auch Lena konnte lange nicht einschlafen. Gegen Angst kommt die Müdigkeit nicht an. Da braucht es bei mir keinen Einbrecher-Fehlalarm, es genügt die Angst davor, nicht einschlafen zu können.

Ich kann zum Beispiel keine tickende Uhr im Zimmer ertragen, weil sie mir das Gefühl gibt, dass mir die Nacht zwischen den Fingern zerrinnt. Ich rechne mir aus, wie viele Stunden Schlaf ich noch bekommen werde, und schlafe am Ende gar nicht, sondern höre ängstlich dem Ticken zu. Wertvolle Zeit verrinnt! Ich liege immer noch wach! Je mehr ich mich bemühe, einzuschlafen, desto unmöglicher wird es. Ich selbst verderbe mir die Nacht.

Ein Versicherungsvertreter hat mir neulich eine Berufsunfähigkeitsversicherung ans Herz gelegt. Und meine Schwiegermutter half gleich nach mit gruseligen Geschichten aus der Arztpraxis, wo sie als Arzthelferin arbeitet, Geschichten von Leuten, die durch schlimme Krankheiten nicht länger arbeitsfähig waren und in die Armut abrutschten.

Besorgt setzte ich mich an den Computer, um im Internet nachzulesen, was mich eine solche Versicherung kosten würde. Der Online-Rechner der Versicherungsgesellschaft forderte die Eingabe meines Berufs. „Autor" kannte das System nicht, „Journalist" genauso wenig. Als ich „Schriftsteller" eingab, verstanden wir uns endlich. Allerdings speiste mich die Website mit dem Bescheid ab, dass für diesen Beruf kein Angebot gemacht werden könne.

Wie denn auch! Selbst wenn ich mit beiden Beinen in Gips liege, kann ich noch schreiben. Und wenn ich mir die Finger verletze, diktiere ich die Texte mündlich. Unterbewusst habe ich gar nicht die Weiterversorgung nach einem Unfall erhofft, sondern geglaubt, dass die Versicherung mich vor Unfällen bewahrt.

Sollte ich mich als Christ überhaupt vor Unfällen fürchten? Geht nicht alles, was mir passiert, über Gottes Schreibtisch? Ich muss gestehen, dass ich damit Probleme habe. Ich bete, ich rede mit Gott und bitte ihn um Hilfe. Aber ich kapiere nicht, wann Gott mich beschützt und wann nicht.

Es gibt wunderschöne Texte in der Bibel. Der 91. Psalm beginnt beispielsweise mit den Worten: „Wer unter dem Schutz des Höchsten wohnt, der kann bei ihm, dem Allmächtigen, Ruhe finden. Auch ich sage zu Gott, dem Herrn: ‚Bei dir finde ich Zuflucht, du schützt mich wie eine Burg! Mein Gott, dir vertraue ich!' Er bewahrt dich vor versteckten Gefahren und vor tödlicher Krankheit. Er wird dich behüten wie eine Henne, die ihre Küken unter die Flügel nimmt. Seine Treue schützt dich wie ein starker Schild."

Dieser Text ist weich wie ein flauschiges Tuch. Ich hülle mich ein in seine Wärme. Aber das, was er erzählt, beobachte ich in meinem Umfeld nicht. Meine christlichen Freunde werden genauso von tödlichen Krankheiten befallen wie alle anderen. Im selben Psalm heißt es weiter: „Wenn tausend neben dir tot umfallen, ja, wenn zehntausend in deiner Nähe sterben – dich selbst trifft es nicht!"

Mag sein, dass das schon mal passiert ist. Spontan muss ich an Desmond Doss denken, den Kriegsdienstverweigerer, der mit einer „Medal of Honor" ausgezeichnet wurde, der höchsten militärischen Auszeichnung der USA. Er lehnte es ab, eine Waffe zu tragen, und wurde deshalb als Sanitäter in den Zweiten Weltkrieg geschickt. Am 29. April 1945 stürmte sein Bataillon einen zerklüfteten Steilhang in Japan und geriet, als es den Gipfel in hundertzwanzig Metern Höhe erreichte, in starkes Artillerie-, Mörser- und Maschinengewehrfeuer. Etwa fünfundsiebzig Männer wurden getroffen, der Rest des Bataillons floh – bis auf Desmond Doss. Er blieb bei den Verletzten und schleppte sie einen nach dem anderen zum Rand des Steilhangs, wo er sie mit einer Trage in sicheres Gebiet abseilte. Ironischerweise hatten ihn manche der Männer, denen er nun das Leben rettete, zuvor als feige verspottet, weil er keine Waffe tragen wollte.

Desmond Doss war Christ; während der Rettungsaktion betete er fortwährend: „Herr, hilf mir, noch einen zu holen.

Nur noch einen." Als Letztes, nachdem er unter heftigem Beschuss alle Kameraden gerettet hatte, brachte er sich selbst in Sicherheit.

Ein schönes Beispiel. Ich kann mir vorstellen, dass Gott dort eingegriffen und verhindert hat, dass eine Kugel Desmond Doss traf. Aber was ist mit den vielen anderen, die im Zweiten Weltkrieg verzweifelt gebetet haben und trotzdem von Kugeln durchsiebt wurden? Familienväter starben auf dem Schlachtfeld, Pfarrer wurden vergast, Kinder sind erfroren.

Wie kann ich beten: „Bewahre mich vor Unglück, Gott", wo er doch so viele Menschen nicht davor bewahrt hat, obwohl sie dieselbe Bitte an ihn gerichtet haben? Die Schicksale dieser Menschen erschüttern mein Vertrauen.

Als ich mit Lena von Amerika heimfliege, muss unser Flugzeug wegen eines Sturmtiefs umgeleitet werden. Aus dem Fenster kann ich die schwarzen Gewitterwolken sehen. Das Flugzeug wird geschüttelt und herumgestoßen, meine Hände sind schweißnass. Der Flugkapitän sagt, dass wegen der Umstände leider kein Essen ausgeteilt werden kann und dass wir bitte unser Handgepäck sicher verstauen sollen. „We're flying through some extremely dangerous turbulences." (Deutsch: Wir fliegen durch extrem gefährliche Turbulenzen.)

Ich finde, so etwas darf ein Pilot nicht sagen. Ich will hören, dass er alles im Griff hat, dass wir uns keine Sorgen machen sollen. Wenn schon der Pilot keine Souveränität vermittelt, wie soll ich da als einfacher Passagier meine Angst im Zaum halten? Der Wind versetzt uns Stöße, er rüttelt am Flugzeug. Selbst die Stewardess reißt die Augen auf. Unsere Flügel wippen kräftig, ich sitze am Fenster und kann kaum den Blick davon abwenden. Ich will noch nicht sterben. Was die anderen Passagiere über mich denken, ist mir egal: Ich falte die Hände und bitte Gott lautlos um Schutz für unser Flugzeug. Ich flehe ihn an, mein Leben zu verlängern.

Sofort habe ich mit Zweifeln zu kämpfen. Warum sollte Gott ausgerechnet mein Gebet erhören? Natürlich weiß ich, dass es kein Problem für ihn wäre, dieses Flugzeug sicher durch den Sturm zu tragen. Aber er greift ja nicht überall ein.

Nach welchen Kriterien entscheidet das Gott? Hilft er mir nur, wenn er noch eine wichtige Aufgabe für mich hat? Kann ich ihn überzeugen, indem ich verspreche, mein Leben künftig dem selbstlosen Einsatz für andere zu widmen?

Manchmal wünsche ich mir, wieder ein Kind zu sein, das Gott einfach um Hilfe bittet und darauf vertraut, dass er handeln wird. Ich schäme mich, dass ich solche Angst vor dem Tod habe, obwohl ich doch glaube, dass mich eine friedliche Ewigkeit in Gottes Nähe erwartet. Ich schäme mich, dass ich ihn um ein Wunder bitte und zugleich daran zweifle, dass er mir beistehen wird.

Während ich bang im Flugzeug sitze, erzähle ich ihm diese Gedanken. Ich schildere meine Angst, meine Zweifel. Dabei werde ich ruhig. Ich fange an, mit Gott über die schönen Erlebnisse der letzten Jahre zu reden. Mir wird klar: Wie die

Vergangenheit liegt auch die Zukunft in seinen Händen. Ich kämpfe nicht allein, Gott wandert an meiner Seite.

Es tut mir gut, Gott bei mir zu wissen. Das Flugzeug schwankt und rüttelt und müht sich durch den Sturm und ich sitze darin und habe keine Angst mehr. Mein Leben und mein Sterben sind in Gottes Hand gut aufgehoben.

Vielleicht werden wir deshalb in der Bibel so oft aufgefordert, zu beten und mit allen unseren Wünschen zu Gott zu kommen. Selbst wenn er nur einen Teil davon erfüllt, selbst wenn er nur von Zeit zu Zeit eingreift – die Anliegen mit ihm zu teilen, macht uns wieder bewusst, dass er nah bei uns ist. Er lässt Böses zu auf dieser Erde. Er lässt zu, dass wir Fehlentscheidungen treffen, andere und uns selbst verletzen. Krankheiten befallen uns, Unfälle stoßen uns zu. Manchmal heilt uns Gott durch ein Wunder. Nicht jedes Mal. Aber er ist immer an unserer Seite.

Ich kann mir vorstellen, wie das für Skeptiker klingt, weil ich selbst genug Tage erlebe, an denen ich an alldem zweifle. Aber es scheint mir die einzige Lösung für das Paradox des Betens zu sein: Mit jedem geht Gott persönlich einen Weg. Manche lässt er erst krank werden und hilft ihnen dann, gesund zu werden, oder er heilt sie sogar auf wundersame Weise, sodass die Ärzte nur die Köpfe schütteln vor Erstaunen. Andere lässt er krank werden und sie sterben.

Wenn ich Gott dieses Recht lasse, wenn ich ihm die Oberhoheit über das Leben lasse, meinen Wunsch, alles zu kontrollieren und im Griff zu haben, aufgebe, dann lebe ich leichter.

Was in meiner Macht steht, tue ich. Ich prüfe den Ölstand des Autos, sorge für gute Winterreifen, ich ernähre mich gesund. Aber dann, wenn meine Möglichkeiten ausgeschöpft sind, gebe ich mich vertrauensvoll in Gottes Hände.

Helmuth James Graf von Moltke leitete im Krieg ein Flugblatt der Weißen Rose weiter, das die britische Royal Air Force vervielfältigte und über Deutschland abwarf. Er leistete im Naziregime Einspruch gegen völkerrechtswidrige Befehle. Schließlich schnappte ihn die Gestapo. Aus dem Gefängnis Tegel schrieb er an seine Frau: „Wir dürfen nicht glauben, dass Gott mich erretten will. Wir müssen aber glauben und keinen Augenblick zweifeln, dass er mich erretten kann." Auch er kannte den schwierigen Spagat. In seinem Fall endeten die Wartezeit und das Hoffen auf Gottes Beistand mit der Hinrichtung durch die Nazis.

Selma Lagerlöf, die 1909 als erste Frau den Literaturnobelpreis erhielt, schrieb: „Man sollte nicht ängstlich fragen: Was wird und kann noch kommen? Sondern sagen: Ich bin gespannt, was Gott jetzt noch mit mir vorhat."

Naiv? Mir hilft der Blick auf dieses Wesen, das außerhalb der Zeit steht. Er macht mich ruhig. „Wer unter dem Schutz des Höchsten wohnt, der kann bei ihm, dem Allmächtigen, Ruhe finden." Oder wie es Augustinus schrieb: „Ruhelos ist mein Herz, bis es Ruhe findet in dir, o Gott."

Das Leben gestalten

Neulich las ich ein kluges Gedicht von Antje Paehler:

Durchsage

Die Zukunft kommt heute
voraussichtlich
zwanzig Minuten später.

Das macht
mehr Gegenwart.

Womit schlagen wir sie tot?

Seltsam, dass ich so oft mit der Gegenwart nichts anfangen kann. Meine Sorgen und meine Sehnsüchte sind auf die Zukunft gerichtet, und ich verpasse das Jetzt, ignoriere die Schönheit der Augenblicke. Sie bleiben mir fremd.

Während ich ein Buch schreibe, freue ich mich auf das nächste Projekt, ich fiebere danach, anstatt die Arbeit am aktuellen Manuskript zu genießen. Wenn doch erst „Tanz unter Sternen" erschienen ist, denke ich, und freue mich unbändig auf die Lesereise. Während der Reise, das weiß ich schon jetzt, werde ich denken: Wenn erst die Reise geschafft ist, dann kann ich zu Hause wieder ausgiebig am Schreibtisch sitzen und einen neuen Roman schreiben.

Ich möchte aber hier sein. Im Jetzt sein. Ich will dem Klacken der Tastatur lauschen, während ich Satz um Satz schreibe, möchte dem lauwarmen Wind nachspüren, der gerade durch die Terrassentür hereinweht. Will das Wasser schmecken, das ich trinke, und mich nachher mit Vergnügen aufs Bett legen und lesen.

Ich will die Lesereise genießen, die Gespräche mit Buchhändlern und Lesern, die Städte, die Zugfahrten, will mir Beobachtungen notieren und mich freuen, dass auch das Reisen zu meinem Beruf gehört, anstatt den Schreibtisch und die Heimkehr herbeizusehnen. Ich reise ja gern! Es ist nur, dass mir der Augenblick so schnell vorüberfliegt, weil mein Blick bereits aufs Übernächste gerichtet ist.

Und nicht nur Vorfreude und Sehnsucht reißen mich aus der Gegenwart. Sorgen machen mich genauso anfällig. Wer kann schon sagen, was morgen kommt? Woher soll ich wissen, wer ich in drei Jahren bin? Am besten, ich lege mich nicht fest, nehme keine Ehrenämter an, verspreche nichts, abonniere nichts und unterschreibe nichts. Dann laufe ich nie Gefahr, dass ich in der Zukunft mit meinen Entscheidungen unzufrieden bin.

Andererseits würde das mein Leben ziemlich leer machen. Ich kann doch nicht auf Freude und Lebensinhalt verzichten, um Schmerzen zu vermeiden. Ich will mir auch starke Gefühle erlauben, Ziele, mit denen ich mich emotional verbinde und für die ich etwas riskiere. Ich will nicht feige werden, sondern es wagen, eine Sehnsucht in mir reifen zu lassen und sie auszuhalten, bis ich zu ihrer Erfüllung gelange. So vieles in meinem Leben ist schnell, flüchtig und risikolos. Ich versachliche den Alltag, konzentriere mich auf die Dinge und das Sichere. Aber erst das Wagnis und der volle Einsatz machen mich zum Menschen.

Bevor Lena und ich heirateten, habe ich mich besorgt gefragt: Was, wenn wir uns in fünf Jahren nicht mehr verstehen? Es erschien mir wie ein kühnes Wagnis, zu versprechen, dass wir das ganze Leben beieinanderbleiben würden.

Jetzt sind wir seit drei Monaten verheiratet und ich schüttele den Kopf über mein Zögern. Der Entschluss, für immer zusammenzubleiben, hat unsere Liebe nur zu einem noch faszinierenderen Abenteuer gemacht. Ich bin überglücklich, dass Lena meine Frau geworden ist.

Natürlich ist es reizvoll für mich, mir alle Möglichkeiten offenzuhalten. Noch mal einen ganz anderen Beruf auszuüben! Auf einem anderen Kontinent zu leben! Ein anderer Typ zu sein, einem anderen Lebensentwurf zu folgen!

Aber so ist keine Familie möglich, kein engagierter Beruf, keine echte Partnerschaft, in der man sich auf den anderen verlassen kann.

Mit dem Versuch, mir alle Optionen offenzuhalten, handele ich mir Stress ein. Zukunftsstress, den Stress, ständig im Kopf

Möglichkeiten zu jonglieren. Das Endgültige macht mir Angst –
dabei kann es viel Ruhe in mein Leben bringen. Ich muss nur
den Mut aufbringen, große Entscheidungen zu treffen.

Vielleicht ist die Hektik ja mein Versuch, genau diesem
Einfinden in die Gegenwart zu entgehen, aus Sorge, ich könnte
an Schwung verlieren und damit Zukunftsoptionen einbüßen.
Steckt am Ende eine stille Angst vor der Endlichkeit dahinter?

Ich sage: „Ich habe Stress", genauso wie ich sage: „Ich habe
Husten." Dabei sehe ich mich als Opfer der Umstände, die
Abgabetermine sind zu knapp gesetzt, der Terminkalender ist
zu voll, und meine Freunde wollte ich auch noch sehen.

In Wahrheit bin ich kein Opfer. Mein Gehetztsein ist
gewollt, von mir selbst gesteuert. Sobald ich eine Lücke im
Terminkalender sehe, fülle ich sie. Sobald ich Bewegungsfrei-
heit verspüre, nehme ich neue Aufgaben an.

Dabei ist die ersehnte Ruhe da, wie ein Ort in meiner Nähe,
an den ich mich jederzeit begeben kann. Ich entscheide selbst,
wie oft ich ihn aufsuche. Ich bin nicht das Opfer meines Lebens, sondern *führe* es.

Als ich mich heute ausgebrannt fühlte, habe ich einen Spaziergang durch den Park gemacht. Schon auf dem Heimweg
hatte ich begeisternde Ideen fürs Manuskript und neue Kraft
zum Weiterschreiben.

Ich bin davon überzeugt, Schönheit und Ruhe stehen jeden
Tag für mich bereit. Ich brauche nur den Mut, mein Leben zu
gestalten.

Blickwechsel mit einem Grashüpfer

Wir Menschen sind große Verdrängungskünstler. Zum Beispiel vergesse ich jahrelang, dass ich mich inmitten eines mir fremden, unbekannten Universums befinde. Klar, ich kenne ein paar Namen: Jupiter, Saturn, Neptun, Venus. Aber eigentlich habe ich keine Ahnung.

Während ich hier am Schreibtisch sitze, dreht sich die Erde mit über tausendsechshundert Kilometern pro Stunde um die eigene Achse. Zumindest, wenn man am Äquator misst; hier in München wird es etwas weniger sein. Gleichzeitig rasen wir mit über hunderttausend Kilometern pro Stunde im Kreis um die Sonne. Dass mir da nicht der Fahrtwind ins Gesicht bläst! Und müsste mir nicht schwindelig werden? Okay, das sind unqualifizierte Aussagen, ich habe Literatur studiert und nicht Physik, man merkt's.

Diese beiden Bewegungen – dass die Erde sich um sich selbst dreht und dass sie um die Sonne kreist – kann ich mir noch einigermaßen vor Augen führen. Was mich überfordert und zugleich verblüfft, ist der Umstand, dass auch die Sonne nicht stillsteht. Sie fliegt mit einer Geschwindigkeit von zweihundertfünfzig Kilometern pro Sekunde durch den Weltraum. Da die Erde der Sonne folgt, malen wir mit unserer Flugbahn das Gewinde einer Schraube ins All. Wo fliegen wir gemeinsam hin? Die Astronomen sagen, in Richtung des Sterns Wega im Sternbild Leier. Das Zentrum der Galaxis hält uns dabei mit unsichtbaren Kräften fest, sodass wir nicht ins Leere abirren, sondern eine gebogene Flugbahn beschreiben.

Wenn ich hinaufschaue und die Sonne so ruhig am Himmel stehen sehe, kann ich kaum fassen, dass sie gerade durch das Weltall rast. Und diese Weite! Die Sonde Voyager 2 hat dreißig Jahre gebraucht, bis sie den Rand unseres Sonnensystems erreichte. 1977, in meinem Geburtsjahr, ist sie gestartet. Am Jupiter kam sie 1979 vorbei und erkundete seine Monde Amalthea, Io, Europa, Kallisto und Ganymed. 1981 passierte sie den Planeten Saturn. Neptun lag 1989 auf der Strecke; dort entdeckte sie neun bisher unbekannte Monde. Erst 2007 war sie am Rand des Sonnensystems angekommen.

Immer wieder entdecken wir Neues im Weltraum. Vor sechs Jahren fand man Eisgeysire auf dem Saturnmond Enceladus, die in hohen Fontänen Wasserdampf und Eissplitter spucken. Vor fünf Jahren entdeckten Astronomen einen kosmischen Tornado, HH 49/50, ohne ergründen zu können, wie er entstanden ist.

Und nicht nur im Weltraum geschieht Erstaunliches. Auch hier auf der Erde! Da geht in der Nacht ein Tier mit Stacheln schnaufend durch den Garten und frisst die Schnecken. Geflügelte Mäuse schweben durch die Luft, stoßen einen Sonarton aus und fangen Insekten. Säugetiere, so lang wie drei Reisebusse, pflügen durchs Meer und ernähren sich von millimeterkleinen Krebsen.

Das Meer steigt und sinkt jeden Tag, weil der Mond es anzieht. Mit einem System von nur zwölf Tönen lassen sich so viele unterschiedliche Melodien spielen, dass wir Tausende Lieder auseinanderhalten können – und nicht nur das, sie berühren uns, wir merken sie uns lebenslang, sie tragen für uns eine emotionale Bedeutung. (Lena liest das gerade und sagt: „Allein mit vier Tönen, was man da machen kann!" Sie singt mir verschiedene Melodien vor. Als Musikerin ist sie nach wie vor von diesem Wunder begeistert.)

In meiner Brust schlägt ein Muskel und pumpt unermüdlich Blut durch die Adern. Tagsüber füttere ich meinen Körper mit Käsebrötchen, Schokolade oder Klößen, und der Körper macht daraus Hautzellen, Fingernägel, Knochen und Fleisch. Was für ein erstaunlicher Prozess! Wie kann aus Schokolade lebendiges Fleisch werden?

Es gibt keinen Alltag. Was ich müde „Alltag" nenne, ist nur meine eigene träge Blindheit. Ich lebe auf einem erstaunlichen Planeten, nichts hier ist selbstverständlich oder banal. Wenn ich hinhöre, wenn ich schmecke, fühle und hinsehe, dann merke ich: Dieses Leben ist höchst erstaunlich.

Gerade hängt ein Grashüpfer an der Zimmerdecke. Ich bringe ihn in einem Glas nach draußen. Er will nicht gleich weg, wir schauen uns noch ein wenig an. Seine Augen! Kleine schwarze Punkte in hellgrünen Augäpfeln; die Punkte folgen mir, wohin auch immer ich mich wende. Er wirkt klug auf mich, der Kleine. Was denkt er über mich? Hält er mich für gefährlich? Ich bestaune seine zarten Antennen, den knallgrünen Körper, die Flügel und die Beinchen. Wieder begegnen sich unsere Blicke. Ich wusste gar nicht, dass es Insekten mit beweglichen Augen und Pupillen gibt.

Sir Peter Ustinov hatte recht. „Jetzt sind die guten alten Zeiten", hat er gesagt, „nach denen wir uns in zehn Jahren zurücksehnen." Das Manuskript kann warten. Ich lasse den Computer stehen und genieße ein wenig Zeit unterm blauen Himmel.

Ich kann fliegen,
wenn ich mich nicht so schwernehme

Auf keinen Fall will ich sein wie alle anderen. Ich bin etwas Besonderes, ein eigener Mensch, kein Herdentier. Das soll man sehen. Für eine stattliche Summe habe ich mir eine Regenjacke gekauft: überall Lüftungen, Reißverschlüsse, herausnehmbarer Innenteil. Stolz trage ich sie herum. Bis ich bemerke, dass das Outdoor-Label doch bekannter ist, als ich angenommen hatte. Viele tragen die gleiche Jacke, die Hälfte der Leute rennt so rum. Plötzlich gefällt sie mir nicht mehr. Die Jacke hat noch dieselben Lüftungen und Reißverschlüsse, sie ist noch genauso praktisch wie vorher, aber sie stillt nicht mehr mein Bedürfnis, mich abzuheben. Da hätte ich ja gleich eine Uniform anziehen können.

Ich könnte auch nie Fan von Bayern München sein. Jeder bewundert den Verein, sogar in Berlin treffe ich Bayern-München-Fans. Wenn mich Fußball interessieren würde, würde ich mir eine Mannschaft suchen, die nur wenige unterstützen. Die würde meine Hingabe wenigstens brauchen.

Bestseller lese ich oft erst Jahre später. Ich warte, bis der Hype vorüber ist, weil ich das Gefühl nicht mag, etwas nur zu tun, weil's gerade alle tun.

Gleichzeitig will ich es mit dem Anderssein nicht übertreiben. Die Leute sollen mich akzeptieren und schätzen. Eine furchtbare Vorstellung, dass mich heimlich alle seltsam finden könnten und es mir nur nicht sagen. Nein, ich will kein Außenseiter sein. Ich will dazugehören.

Um ein Teil der Masse zu bleiben, brauche ich gute Schuhe, gute Hosen, und ich muss mit bestimmten Filmen etwas anfangen können. Ich muss mich rasieren und einigermaßen Bescheid wissen, was so los ist in der Welt.

Umfragen helfen mir dabei, im Trend zu bleiben. Wenn ich zur Mehrheit gehöre bei einer Umfrage (am besten mit sofortiger Auswertung im Internet), atme ich auf: Ich bin noch drin. Ich verhalte mich wie ein Fisch im Schwarm, achte auf die anderen und orientiere mich an ihnen.

Lange Zeit hatte ich ein vorsintflutliches Handy. Ich wollte aber cool und jung rüberkommen, vor allem bei den Lesungen. Also habe ich immer tief in den Rucksack gegriffen, um es auszuschalten. Wenn es geklingelt hätte und ich hätte es ans Tageslicht geholt und wäre rangegangen, hätten die Leute vielleicht gedacht: Meine Güte, was hat der für ein altes Ding! Kann er sich kein neues leisten, oder ist er einer von denen, die nichts wegwerfen können? Dieser Eindruck sollte auf keinen Fall entstehen. Inzwischen habe ich ein neues Handy, das ich jetzt auch gern aus dem Rucksack herausnehme, um es auszuschalten. Auf diese Weise zeige ich es kurz herum: Seht ihr, nicht zu teuer, nicht zu billig, ein feines Gerät. So einer bin ich.

Die Unternehmen, die uns ihre Produkte verkaufen, wissen genau, dass wir uns beides wünschen: zur Masse zu gehören und besonders zu sein. Deshalb bewerben sie neue Dinge so, als würden alle dieses Produkt haben wollen – wer es hat, gehört dazu –, und bieten uns gleichzeitig in tausend Varianten Zusatzteile an, Handyschalen, Handyhüllen, kleine herumbaumelnde Anhänger, Klingeltöne, Bildschirmhintergründe. Details, die uns helfen, das Gerät zu etwas Einzigartigem zu machen. Wir wollen einen Klingelton haben, den niemand sonst hat. Hat jemand den gleichen, werden wir wütend. Hätte man mir das in meiner Kindheit erzählt, wo es noch Telefone mit Wählscheibe gab, hätte ich es nicht geglaubt. Damals war es ganz normal, dass jedes Telefon so klingelte: brrrim, brrrim.

Ich gucke gern „Rach, der Restauranttester". Ich bewundere seine Fähigkeit, innerhalb kürzester Zeit die Schwachstellen in einem Betrieb zu erkennen. Meist hat er auch Ideen, wie sie sich beheben lassen.

Neulich gab es eine Folge mit einer Frau, die ein Restaurant betrieb, das ihm auf Anhieb gefiel. Aber sie war überarbeitet, hatte seit zwei Jahren Magengeschwüre und konnte nicht mehr. Als sie ihm sagte, sie arbeite sieben Tage in der Woche, war er schockiert. Er sagte, sie müsse unbedingt einen Tag frei machen und das Restaurant künftig an diesem Tag geschlossen halten.

Die Wirtin sträubte sich, „weil dann die Leute reden". Offenbar hält man in ihrer Region schnell jemanden für faul.

Christian Rach schimpfte: „Jeder dieser Leute hat selbst mindestens einen Tag in der Woche frei, die meisten sogar zwei! Und sie beschweren sich über ein Restaurant, das einmal in der Woche geschlossen ist?" Er überredete die Frau, am Tag mit den geringsten Umsätzen zu schließen.

Es fiel ihr sichtlich schwer, aber sie entschied sich, am Sonntag künftig ihr Restaurant zuzumachen, weil sonntags die wenigsten Gäste kamen.

Als Christian Rach nach längerer Zeit zurückkehrte, um zu sehen, was aus ihr geworden war, hatte sie den freien Tag wieder aufgegeben. Sie hatte es seit seinem Weggang ganze zwei Mal geschafft, den Ruhetag einzuhalten, und das Restaurant dann doch wieder sieben Tage in der Woche geöffnet, "wegen der Leute".

Ich fühle mich ertappt. So oft tue ich Dinge "wegen der Leute". Ich möchte gefallen. Lena will ich sportlich erscheinen und männlich und stark, will gute Laune verbreiten, erfolgreich sein, ein Versorger, ein Weltentdecker. Mitunter täusche ich ihr Stärke vor, obwohl ich mich gerade schwach fühle. Ich tue dann so, als wäre ich gut gelaunt. Eine solche Schauspielerei in der Beziehung zu dem Menschen, der mir am nächsten steht! Zum Glück durchschaut sie es.

Ich will außerdem meinem Lektor gefallen, den Lesern, den Vermietern, den Eltern, den Freunden. Jeder stellt Erwartungen an mich. Die vielen verschiedenen Wünsche zu erfüllen ist gar nicht so einfach.

Indem ich versuche, diesen Menschen sympathisch zu sein, gebe ich ihnen Macht über mein Leben. Ich darf nicht vergessen, dass ich selbst es bin, der ihnen diese Macht einräumt, meistens, indem ich ihnen gestatte, meine Gefühle zu beeinflussen: Ich will mir ihre Anerkennung verdienen, Schuldgefühle loswerden, Liebe entfachen. Leider habe ich, obwohl ich ein selbstständiger, starker Typ sein will, den Hang, der Meinung anderer Leute viel Bedeutung beizumessen.

Von Zeit zu Zeit merke ich, dass ich mich nicht mehr wohlfühle in meiner Haut, weil ich nicht authentisch, nicht wirklich ich selbst bin, sondern nur eine Rolle spiele, um allen zu gefallen. Dann weiß ich, es ist an der Zeit, den anderen den Einfluss, den ich ihnen gegeben habe, wieder zu nehmen. Das fällt mir nicht leicht. Ich werde es mein Leben lang trainieren müssen. Wieder und wieder präge ich mir ein: Ich muss nicht alle Erwartungen erfüllen, die Menschen an mich stellen.

Oft widersprechen sich ihre Wünsche ja auch. Wenn ich nicht wirklich in mich hineinhöre und erkenne, was mein eigener Wille ist, werde ich von den Ansprüchen zerrissen, die von verschiedenen Seiten an mich herangetragen werden.

Oft gehorche ich sogar in vorauseilendem Gehorsam. Damit vergifte ich Beziehungen. Sie würden viel gesünder laufen, wenn ich den Ansprüchen der anderen meine eigenen Bedürfnisse offen entgegenstellen würde. Ein Beispiel: Ich wollte abends im Bett noch lesen. Weil ich wusste, dass Lena schlafen wollte und das Licht sie störte, verzichtete ich aufs Lesen. Ich lag im Bett und hatte Wut im Bauch, Wut auf Lena, weil ich

wegen ihr das schöne Buch nicht weiterlesen konnte. Irgendwie muss die Luft geknistert haben, jedenfalls fragte Lena ins
dunkle Zimmer hinein: „Was ist los?" Ich druckste herum,
sagte schließlich, was Sache war. Und Lena wunderte sich.
„Warum hast du nichts gesagt? Lies doch ruhig! Ich mache
schon mal die Augen zu." Ich schaltete die Nachttischlampe an
und las, und die Wut verschwand. Es tat mir gut, zu meinem
Bedürfnis zu stehen. Nach ein paar Seiten war ich wohlig
müde, machte das Licht aus, und wir beide schliefen. Offen
über unsere Wünsche zu sprechen und eine Einigung zu finden, schafft mehr Harmonie als das vermeintlich friedliebende
Zurückstellen von Bedürfnissen.

Eine Spazierfahrt durchs Grüne kann ein Vergnügen sein.
Ich sitze entspannt hinter dem Steuer, erkunde Orte, an denen
ich noch nie war, schaue mir Dorfkirchen an und kleine Häuser
und tauche in den Schatten einer von alten Bäumen gesäumten
Allee ein. Dieselbe Strecke kann mich aber auch auslaugen,
dann nämlich, wenn jemand auf dem Beifahrersitz mitfährt,
den ich beeindrucken will. Ich frage mich ständig: Hält sie mich
für einen guten Fahrer? Ich gebe mir Mühe, zügig und souverän
zu fahren. Durch diesen Anspruch, dass es gut wirken muss,
verliert die Spazierfahrt ihren friedlichen Zauber.

Mit dem Gedanken an die Erwartungen anderer kann ich
mir sogar meinen wunderbaren Beruf vergällen. Manchmal
sitze ich am Schreibtisch und kann den Roman nicht fortset-
zen, weil ich zu viel Ehrfurcht vor den Worten habe. Alles,

was ich notiere, streiche ich gleich wieder aus, es ist nicht gut genug. Die Frage, wie das Buch auf die Leute wirken und ob es gut ankommen wird, belastet mich.

Dann hilft mir nur, den Schreibtisch zu verlassen und das Manuskript mit auf eine Parkbank zu nehmen. Ich zerknittere es etwas, absichtlich, und fange an, unwirsch darauf herumzukritzeln. Es sind bloß Buchstaben, sage ich mir, und sie erzählen eine Geschichte, nichts weiter.

Ich erinnere mich selbst daran, was mich überhaupt zum Schreiben gebracht hat: Ich möchte meine kleinen Beobachtungen teilen und zum Staunen über das Leben anregen. Plötzlich geht es wieder, ich kann weiterschreiben und finde Freude daran.

Wenn ich mich nicht so schwernehme, kann ich fliegen!

In Lissabon erwartete mich im Frühjahr eine Überraschung. Ich hatte gerade meine Lesungen an der Deutschen Schule absolviert; der Rest des Tages war frei. Noch eine Abendlesung am nächsten Tag und ich würde wieder nach Deutschland heimkehren. Da fragten mich meine Gastgeber, ob ich mit ihnen zu einem Empfang beim Vizebotschafter gehen würde, er habe mich für den Abend eingeladen.

Ich mag neue Erfahrungen, und in diese Welt war ich noch nie eingetaucht. Aber es dauerte nur Sekunden, bis mir einige handfeste Argumente einfielen, die gegen einen entspannten Abend beim Vizebotschafter sprachen. Zum Beispiel, dass ich

kein Sakko und keine Krawatte mit nach Portugal gebracht
hatte.

Der Gastgeber brachte mir eines seiner Sakkos. Leider habe
ich so wenig Fleisch auf den Rippen, dass es an mir runterhing
wie ein Lappen. Unmöglich konnte ich so zum Empfang gehen. Die feinen Hosen des Gastgebers passten mir auch nicht.

Also fuhr ich in Jeans – eine andere Hose hatte ich nicht
dabei – mit dem Taxi zum Empfang hinauf in das alte Stadt-
schloss. Über dem Hemd trug ich, als Ersatz für ein Sakko,
meine Regenjacke. Die anderen Gäste, Journalisten und Politiker, erschienen in dunklen Anzügen und Abendkleidern.
Höflich begannen sie ein Gespräch mit mir über die tolle
Aussicht auf das Stadtpanorama, über Kultur, über das Goethe-
Institut Lissabons. Ich kam mir lachhaft vor mit der Regenjacke. Rasch zog ich sie aus und legte sie über einen Stuhl.

Fingerfood wurde gereicht. Ich aß davon, wusste anschließend aber nicht, wohin ich den abgenagten kleinen Spieß
legen sollte. Ich hatte fürchterliche Angst, mich zu blamieren.

Der Vizebotschafter lud zur Tafel ein, alle setzten sich. Ich
war der einzige Mann ohne Krawatte. Und der einzige ohne
Sakko. Dabei legte man das Jackett doch immer erst dann ab,
wenn der Herr des Hauses seines auszog.

Der Vizebotschafter bemerkte, dass ich die Krawatten der
anderen Herren betrachtete. Er lächelte und sagte: „Ich würde
vorschlagen, dass wir alle die Krawatte ablegen." Ich bedankte
mich erleichtert. Schon war die Anspannung gelöst. Fröhlich

zogen die Herren ihre Krawatten aus – und ich gehörte wieder dazu, weil wir gleich aussahen.

Nach einem wunderbaren Abend trat ich bei der Verabschiedung noch einmal kräftig ins Fettnäpfchen. Ich war glücklich und wollte etwas Nettes sagen. Heraus kam: „Ich hab mich erstaunlicherweise sehr wohlgefühlt bei Ihnen."

Der Vizebotschafter runzelte die Stirn. „Wie meinen Sie das?"

Ich hätte mir auf die Zunge beißen können! Im Taxi tadelten mich die anderen: „Warum hast du das gesagt?"

Dabei hatte ich mich nur dafür bedanken wollen, dass man mich als Fremden in diesen Kreisen so nett aufgenommen hatte. Ich schrieb am nächsten Tag eine Mail an den Vizebotschafter und er schrieb freundlich zurück. Niemand war böse auf mich, im Gegenteil, auch er hatte den Abend als vergnüglich und angenehm empfunden.

Wie sehr ich mir alles verderben kann durch die unablässige Frage, was jetzt wohl die anderen denken! Diese Frage treibt mich in eine Unsicherheit hinein, die gar nicht notwendig wäre.

Oft reicht es schon, wenn einer grimmig guckt bei einer Lesung; das ganze Publikum kann mich anlächeln, der eine bringt mich aus dem Konzept. Ich denke ständig darüber nach, ob das, was ich gerade sage, ihn verärgert.

Dann aber kommt der grimmige Mann nach der Lesung zu mir und sagt, es habe ihm ausgezeichnet gefallen. Ich begreife, dass sein Gesichtsausdruck konzentriertes Zuhören bedeutete und keineswegs Kritik an mir. Die Sorge um die eigene Wirkung ist oft völlig übertrieben.

Sogar Lena, meine starke, fröhliche Frau, kennt dieses Problem. Nach der Hochzeit mussten wir uns ummelden und für sie einen neuen Ausweis beantragen. Wir hatten vergessen, Fotos mitzubringen, und um nicht noch einmal nach Hause fahren zu müssen, blieben uns nur die Automaten im Wartesaal, die biometrische Fotos anfertigten. Zuerst weigerte sich Lena. „Wie sehe ich aus!", sagte sie verzweifelt. So wollte sie kein Foto von sich. Aber ein zweites Mal herkommen wollte sie auch nicht. Also biss sie in den sauren Apfel und ließ sich ablichten.

Wie erwartet, war sie mit dem Ergebnis unzufrieden. Sie schimpfte: „Wenn ich Ohrringe hätte und ein bisschen Rot auf den Wangen, würde ich nicht so blass und müde wirken und nicht so schrecklich jung aussehen!" (Mal sehen, ob sie das mit dem jugendlichen Aussehen in zehn Jahren immer noch sagt.)

Ich versuchte, sie zu beruhigen. „Wer guckt sich den Pass an?", sagte ich. „Ein Polizist an der Grenze? Ein Flughafenangestellter? Musst du für die schön sein?" Außerdem stünde doch immer auch der echte Mensch vor dem Kontrolleur, das Passfoto solle nur Orientierung geben.

Wie komme ich rüber? Was denken die anderen von mir? Da hat Bertrand Russell eine beruhigende Weisheit parat. „Menschen, die immer daran denken, was andere von ihnen halten, wären sehr überrascht, wenn sie wüssten, wie wenig die anderen über sie nachdenken."

Leben als Wettlauf

„Menschen, die nach immer größerem Reichtum jagen, ohne sich jemals Zeit zu nehmen, ihn zu genießen, sind wie Hungrige, die immerfort kochen, sich aber nie zu Tisch setzen."
Marie von Ebner-Eschenbach

Mich interessiert das Leben der Menschen in früherer Zeit, ganz gleich, ob es das Jahr 819, 1337 oder 1912 ist. Zu ergründen, was die Leute damals dachten, wie sie sich gekleidet haben, was sie aßen und wofür sie kämpften, finde ich spannend.

Eine der faszinierendsten historischen Persönlichkeiten lebte etwa 1.400 Jahre vor unserer Zeitrechnung. Damals existierte Rom noch nicht, auch Athen war nicht gegründet. Ein mächtiges Reich herrschte am Nil. Das Volk wurde von Priesterfamilien und einem König regiert, während unzählige Sklaven das Bewässerungssystem aufrechterhielten und Tempel, Städte und pyramidenförmige Monumente errichteten.

Ein großer Teil der Zwangsarbeiter in Ägypten waren Hebräer. Einer von ihnen bewegte sich allerdings frei am Hof des Pharaos und wurde als Adoptivsohn einer ägyptischen Prinzessin aufgezogen. Ich vermute, dass man Mose seine hebräische Herkunft kaum mehr ansah, er war äußerlich ein Ägypter, gehörte zur königlichen Familie. Man brachte ihm bei, das Volk zu führen. Die klügsten Männer seines Zeitalters bildeten ihn aus.

Damals konnte es kaum eine glänzendere Karriere geben. Aber in Mose rumort es, immer wieder muss er an seine Herkunft denken. Ihm geht es prächtig, während seine Verwandten geknechtet werden. Er sieht ihre zerschlagenen Rücken, die jämmerlichen Hütten aus Zweigen. Er sieht ihre wunden Füße. Dass man ihnen das Getreide mit falschem Maß abfüllt, dass die Verwalter ihnen ein Drittel weniger geben, als ihnen versprochen war, und dass sie hungern, schmerzt ihn. Ihre Kinder sammeln den feuchten Mist von Affen, Ochsen und Schafen auf. Das Volk wird umhergestoßen, zu Tode geprügelt, verachtet. Diese Ungerechtigkeit belastet Mose.

Als er einen ägyptischen Aufseher dabei erwischt, wie er zwei hebräische Zwangsarbeiter quält, entlädt sich die angestaute Spannung in einem Wutausbruch. Er erschlägt den Mann.

Mit dieser Tat hat Mose die schillernde Welt zerbrochen, die ihn trug und versorgte. Einer von seinem Rang besitzt Feinde. Den mächtigen Priestern des Amuntempels ist der hebräische Emporkömmling ein Dorn im Auge, genauso beneiden ihn seine Halbbrüder. Er muss um sein Leben fürchten. Hastig verscharrt er die Leiche im Sand, flieht vorbei an den zinnenbewehrten ägyptischen Grenzfestungen und versteckt sich in der Wildnis.

Am Rande des Weltreichs trifft er auf Beduinen. Bei ihnen taucht er unter, hütet ihre Schafe. Es ist faszinierend, sich den

Gegensatz der zwei Welten vor Augen zu führen, deren Teil Mose war. Er hat schreiben gelernt, er beherrscht die komplizierten Hieroglyphen genauso wie die Alltagsschrift. Als Königssohn hat er Jahre seines Lebens in der Hofbibliothek verbracht mit Handbüchern für Geometrie, Astronomie, Medizin. Diener haben ihm auf silbernen Platten geröstete und gesalzene Vögel serviert, ihm Wein gereicht und Honigkuchen. Er hat Schach gespielt. Hat in einem Palast gelebt mit Wasseruhren, Badezimmern mit Spiegeln, Krügen, um die täglich Kränze frischer Blumen geflochten wurden. Mose hat mit dem Blick eines Herrschers die wogenden Weizenfelder am Nil betrachtet und die Lastkähne, die über das silbern glänzende Wasser zu den Kornspeichern fuhren. Dort ist er aufgewachsen, bei den Flusspferden, bei den Pyramiden von Gizeh, den Statuen, den Obelisken und wuchtigen Tempeln.

Vielleicht mochte er es, früh am Morgen anschirren zu lassen und mit dem Wagen hinaus in die Wüste zu fahren. Er ist in die Wadis gereist, in die Oasen, hat die Alabastersteinbrüche besucht und die Kupfer- und Türkisminen. Er ist Königssohn gewesen, Heerführer, hat als Verwalter großer Güter mit einem Skarabäus Dokumente gesiegelt. Sängerinnen haben für ihn musiziert, Nubier haben ihm Schatten gespendet mit Palmwedeln.

Dann, als er vierzig ist, erschlägt er den Aufseher und flieht. Ich behaupte, dass in der gesamten Menschheitsgeschichte kaum jemand so tief gefallen ist wie Mose.

Der Königssohn verkriecht sich als Viehhirte bei den Beduinen. Er wird ein Sandbewohner, wie die Ägypter voller Verachtung die Nomaden nennen, die am Rand des Reichs leben.

Mose hütet fortan Schafe in der Steppe. Selbst die ägyptischen Bauern, die im damaligen Regierungssystem kaum mehr
als Sklaven sind, verachten die Hirten. In den Augen eines
Ägypters kann man nicht tiefer sinken. Hirten sind Männer mit
verfilztem Bart und ausgemergeltem Körper, die zwischen den
krankmachenden Sumpfgebieten mit ihrem Vieh zusammen-
leben, mit nichts als einer Binsenmatte, einem Wasserkrug und
einem Korb für das Brot. Hungrig, schmutzig, arm.

Es gibt nur wenige Hinweise darauf, wie es Mose während
dieser Zeit erging, aber ich bin mir sicher, dass er sich gefragt
hat, wozu er schreiben gelernt hat. Wozu ist er mit den Söhnen
der höchsten ägyptischen Beamten ausgebildet worden, wozu
hat er geübt, wie man eine Fläche oder ein Volumen berech-
net? Welchen Sinn hat es, dass er ein Volk führen kann?

Mose ist so niedergeschlagen, dass er selbst vergisst, wozu
er fähig ist. Er findet sich mit seiner Lage ab. Heiratet eine
Beduinentochter, lebt in einem Zelt und zieht mit den Schafen
umher, vierzig Jahre lang.

Dann, als er achtzig ist, geschieht etwas, das sich viele
wünschen, aber nur selten jemand erlebt: Gott spricht mit
Mose. Er führt ein langes Gespräch mit diesem enttäuschten
Alten. Und beruft ihn, die im Elend lebenden Hebräer aus der
ägyptischen Sklaverei zu befreien.

So lange ist seine Zeit als Königssohn her, dass Mose vergessen hat, wer er ist. Er weigert sich, er sagt: „Ich? Wieso ich? Schicke besser einen anderen. Ich kann das nicht."

Mose hat mit dem Leben abgeschlossen. Aber Gott bleibt hartnäckig. Er sagt, auf Mose warte eine große Aufgabe. Gott traut ihm zu, die Herausforderung zu bewältigen.

Mose wird nicht als Sohn der Königsfamilie nach Ägypten heimkehren, sondern als Feind. Die Mauern der Stadt Memphis schützen ihn nicht länger, sondern sind dazu da, ihn abzuwehren. Vor seinem inneren Auge sieht er schon die Nubierkrieger und die Elitetruppen des Pharaos gegen ihn aufmarschieren, Zehntausende Soldaten mit gebogenen Schilden und Speeren, dazu Tausende Streitwagen. Er weiß, mit welcher Härte die erfahrenen ägyptischen Generäle gegen ein rebellierendes Sklavenvolk vorgehen, er ist selbst Anführer dieses Heeres gewesen. Unmöglich, dass der Pharao seine Sklaven ohne Gegenwehr ziehen lässt.

Aber Mose versteht, dass er ein Volk regieren soll. Nicht das Volk der Ägypter, sondern das der Hebräer. Er findet Mut in seinem verängstigten Herzen. Allein zieht er los gegen das damals mächtigste Reich der Erde, weil er Gott hinter sich weiß. Er befreit mit übernatürlicher Unterstützung die Hebräer, gibt ihnen eine nationale Identität, führt Gottes Zehn Gebote ein, auf denen noch heute das Grundgesetz der demokratischen Länder basiert.

Diese Geschichte berührt mich. Sie ist so anders als die Kultur, in der ich aufgewachsen bin. Die Vorstellung, dass man als junger Mann etwas lernt, um es mit achtzig Jahren für eine wichtige Aufgabe anzuwenden, erscheint mir abstrus. Ich denke nicht in solchen Zeiträumen. Für mich gilt das Gesetz der *Social Clock*.

Es beschreibt die Erwartung, dass bestimmte große Lebensveränderungen zu einer gewissen Zeit im Leben eines Menschen stattfinden. Verwandte und Freunde rechnen damit, dass ich in einem bestimmten Alter die Schule beende, den ersten Job antrete, heirate, Kinder aufziehe, Karriereschritte im Beruf mache und so weiter. Wer von diesem Zeitplan abweicht, verlässt die gesellschaftlichen Standards und wird schief angesehen. Ihm wird auf subtile Weise Druck gemacht, sich dem Schema wieder anzunähern.

Ich habe lange als Single gelebt. Je älter ich wurde, desto öfter wurde ich gefragt, wie es bei mir mit den Frauen aussieht. Die Frage kam freundlich daher, aber der Gesichtsausdruck änderte sich im Lauf der Jahre. Als ich Anfang zwanzig war, fragten die Leute mit neugierigem Blick. Als ich Mitte zwanzig war, sahen sie mich mitleidig an. Und kaum ging ich auf die dreißig zu, drückte man zusätzlich ermutigend meinen Arm. Gottgläubige Freunde sagten: „Ich bete für dich, dass du jemanden findest."

Es war derselbe Gesichtsausdruck wie bei jemandem, der chronischen Husten hat oder Migräne. Als sei ich krank und man wünsche mir gute Besserung.

Angesteckt von diesen Erwartungen, fragte ich mich: Warum heiraten alle um mich herum und ich finde keine Partnerin? Stimmt mit mir etwas nicht? Bin ich vielleicht kauzig geworden und merke es nur selbst nicht? Bin ich unattraktiv? Stelle ich mich dumm an? Das war das Ticken der Social Clock. Sie signalisierte mir: So geht das nicht, du müsstest längst verlobt sein, du hängst hinterher, du bist komisch, du fällst negativ auf.

Nicht nur wohlmeinende Freunde erkundigten sich. Auch bei Lesungen kam immer öfter die Frage aus dem Publikum, ob ich verheiratet sei. Jedes Mal, wenn ich verneinte, dachte ich: Jetzt halten sie mich für einen seltsamen Einsiedler.

Glücklicherweise habe ich auch die Vorteile des Single-Daseins entdeckt. Wenn man in einem vernünftigen Alter ist, aber noch keine Kinder hat, ist man ein gern gesehener Gast in Familien. Die Eltern sind oft müde und freuen sich, einem ihre Kinder anvertrauen zu können. Der Kraftpool eines Singles ist gefüllt. Ich genoss es, mit den Kindern auf Bäume zu klettern, Lego zu spielen, im Zoo die Tiere zu bestaunen, Kinderbücher zu lesen und über das Fußballfeld zu rennen.

Ein weiterer Vorteil des ungebundenen Lebens war, dass ich viel reisen konnte. Ich konnte mich einbringen, konnte helfen und Freundschaften pflegen. Nötig war dazu nur, die Opferrolle fallen zu lassen und stattdessen aktiv das eigene Leben zu gestalten.

Zum Glück habe ich nicht auf das Ticken der Social Clock gehört und rasch geheiratet. Ich hätte Lena verpasst. Jetzt bin ich 33 und habe meine Traumfrau gefunden. Es könnte mir nicht besser gehen.

Niemand hat das Recht, meinen Lebensfahrplan zu normieren. Die Gesellschaft legt schnell das Lineal an einen Lebenslauf an und misst nach, ob der Mensch in das erwartete Muster passt. Wer zu lange studiert oder zu wenige Praktika absolviert, fühlt sich als Sitzenbleiber. Das Gefühl hält selbst dann an, wenn sich längst beruflicher Erfolg eingestellt hat. Der Juniorpartner in der Kanzlei fragt sich: Sollte ich in meinem Alter nicht schon Seniorpartner sein? Der Familienvater fragt sich: Sollten wir nicht ein Haus haben wie die anderen?

Wir begutachten die Autos der Freunde und fühlen uns mit unserem minderwertig. Wir schauen zu einem Abteilungsleiter auf, zu jemandem mit Doktortitel. Um sie einzuholen, erhöhen wir unser Lebenstempo. Wenn ich auf die Social Clock höre, wird mein Leben ein Wettlauf.

Deshalb liebe ich die Geschichte von Mose. Da gibt es kein stetes Emporklettern der Karriereleiter, sondern einen bodenlosen Absturz. Da gibt es kein jung, schön, reich, sondern ein Altwerden in erbärmlichen Umständen. Und doch hat Moses Leben einen Sinn gehabt, nichts ist umsonst gewesen.

Dieser Lebenssinn muss nicht mit Anfang zwanzig klar sein, und er muss nicht bedeuten, dass man jahrzehntelang auf die Siegertreppchen klettert oder zur Elite gehört. Mose wurde Hirte, weil er ein Empfinden für Gerechtigkeit hatte (und leider eine schwer zu bändigende Wut, den Mord am Ägypter will ich hier nicht schönreden). Erst mit achtzig Jahren wurde er der Retter seines Volkes und konnte anwenden, was er am Königshof gelernt hatte.

Seine Geschichte lehrt mich Geduld. Der Lebenssinn muss auch bei mir nicht jeden Tag in einem Höhenflug zutage treten.

Wütend stemmt sich die soziale Prägung in mir dagegen. Ich bin ein Kind dieser Gesellschaft und habe Darwin tief verinnerlicht, obwohl ich gar nicht viel von ihm halte. Um mich herum herrscht Darwins Regel: Der Stärkere triumphiert über den Schwächeren. Ich will der Stärkere sein, mich nach oben kämpfen.

Aber das ist nicht die Philosophie, die mein Leben bestimmen soll. Im tiefsten Herzen weiß ich, sie hat unrecht. Das Schwache ist liebenswert! Und der Stärkere hat nicht das Recht auf mehr Geld und Aufmerksamkeit, sondern das Vorrecht, den Schwächeren zu helfen.

Ich will aus dem Leben von Mose lernen, dass es nicht auf den schnellen Erfolg ankommt. Will in weiten Bögen denken und mutig mein Ziel verfolgen, ohne Angst, nebenbei etwas zu verpassen oder im Wettlauf zurückzufallen.

Ziele bewusst wählen

Große Träume sind wichtig. Sie helfen mir, Nein zu sagen – weil ich zu etwas Ja gesagt habe. Zum Beispiel wäre ich gern Musiker geworden. In meinen letzten Schuljahren schrieb ich Musikstücke und gewann damit sogar einen Förderpreis bei „Jugend musiziert".

Außerdem wäre ich gern Programmierer von Computerspielen geworden. Jahrelang stand ich am Morgen eine Stunde früher auf, um noch an meinen Spielen weiterzuschreiben, und saß abends nicht vor dem Fernseher, sondern an der Tastatur. Ein paar Spiele konnte ich fertigstellen und hatte Riesenspaß dabei.

Dann kam das Schreiben. Ich war siebzehn und war unglücklich verliebt. Gedichte zu verfassen half mir, es war ein Ventil für meine Sehnsüchte, mehr noch als die Musik. Mit den Jahren schrieb ich Hunderte Gedichte, nicht nur über die Liebe, ich schrieb über alles, was ich am Leben schön fand, was mich faszinierte oder traurig machte. Ich hatte Ahnung von Versmaß und Enjambement, von Hebungsprall und Sonettformen. Allerdings stellte ich fest, dass kaum jemand Gedichte liest. Und ich wollte gelesen werden. (Eines der Gedichte, „Potsdamer Platz", hatte doch noch Erfolg: Es steht heute in einigen Bundesländern im Deutschbuch für Achtklässler.)

Also habe ich mich an Kurzgeschichten probiert. Im Wartezimmer eines Arztes sah ich, dass die Zeitschrift FUNK UHR

Kurzkrimis abdruckte. Ich kaufte ein Exemplar, zählte die Zeichen aus und schrieb einen Krimi mit exakt derselben Zeichenzahl. Es war mein erster Krimi. In der Redaktion der FUNK UHR war man zufrieden, veröffentlichte den Text und gab mir 200 Mark. Ich war zwanzig und ich wurde für mein Schreiben bezahlt! Ich war im siebten Himmel.

Nun wollte ich den Marathonlauf versuchen. Ich wollte einen Roman schreiben. Jeden Tag schrieb ich mindestens eine Stunde. Ich ließ alles andere sein, die Musik, das Programmieren, und konzentrierte mich ganz auf den Traum vom eigenen Roman.

Während ich noch daran schrieb, etwa ein Jahr nach meiner FUNK UHR-Veröffentlichung, fand in der Literaturwerkstatt Berlin der „Open Mike" statt. Dieser Wettbewerb gilt als Talentschmiede. Im Zuschauerraum sitzen Lektoren, Agenten, Journalisten. Fünfzehn Nachwuchsautoren dürfen jeweils fünfzehn Minuten lang auf die Bühne, um einen Text vorzustellen. Ich bewarb mich mit einer meiner Kurzgeschichten und wurde eingeladen.

Es war Sonntagvormittag und ich sollte als Erster lesen. Heinrich Vogler – ein Literaturredakteur des Schweizer Radiosenders DRS, der mich als Mitglied der Vorjury eingeladen hatte – erklärte mir: „Sie gehen da nach vorn, setzen sich an den Tisch und lesen, bis der Wecker schrillt. Übrigens, in Ihrem Text haben Sie ‚striff' geschrieben, es heißt aber ‚streifte'."

Ich bekam weiche Knie.

Rasch korrigierte ich das falsche Wort, ging nach vorn und las. Ich musste an den Wecker denken, ständig, und hoffte, diesen Absatz noch zu schaffen und dann den nächsten. Schließlich klingelte der Wecker. Damit endete der gute Teil des Tages.

Als nach mir andere Autoren lasen, begriff ich, dass ich überhaupt nicht hierher gehörte. Ich meine nicht, dass ich keine Chance hatte, den Preis zu gewinnen. Ich meine, dass ich ungefähr so deplatziert war wie ein Mann mit einer E-Gitarre im Orchestergraben der Bayreuther Festspiele. Meine Nachfolger brachten anspruchsvolle moderne Literatur zu Gehör. Sie trugen schwarze Rollkragenpullover, und die Stimmlage, in der sie ihre Texte vortrugen, drückte Würde aus.

(Am nächsten Tag stand in der FAZ ein Bericht über den „Open Mike". Die drei Preisträger wurden ausführlich vorgestellt. Von allen anderen Autoren wurde nur einer erwähnt, und zwar deshalb, weil er seltsam war. Er habe ausgesehen „wie ein Start-up-Unternehmer am Neuen Markt" und habe über „die mit Honigfässchen und Wildschweinferkeln ausgestattete Märchenwelt eines Feinholzschnitzers der Grafschaft Neiße" geschrieben. Der Kerl war ich.)

In der Pause ging ich auf die Toilette. Ich stellte meinen Fuß gegen die Tür, damit niemand hereinkam und mich erwischte, und beugte mich hinunter zum Waschbecken, um meinen Mund unter den Wasserhahn zu halten. Ich drehte das kalte Wasser auf und trank. In diesem Moment stieß die Tür gegen meinen Fuß. Ich gab dem Druck nach und ein Mann kam herein. Ich wischte mir das Wasser vom Kinn. Der Mann sagte: „Hat mir gefallen, was Sie da gelesen haben. Ich werde Ihnen schreiben."

Mir lag eine Erwiderung auf der Zunge. „Haben Sie überhaupt meine Adresse?" Aber ich sagte höflich danke und verließ die Toilette. Später wurde mir heiß und kalt, als meine Toilettenbekanntschaft auf die Bühne stieg, um das Fazit der Jury bekanntzugeben. Es war Alexander Fest. Er leitete damals den Alexander Fest Verlag und den Kindler Verlag. Kurze Zeit später wurde er der Chef von Rowohlt.

Ich erhielt tatsächlich Post. Meine Kurzgeschichten seien toll, aber ob ich nicht ein Romanmanuskript hätte? Ich reichte meinen erst zur Hälfte fertiggestellten Roman ein und bekam einen Vertrag zugeschickt.

Das war nicht das Happy End. Alexander Fest wollte zwar mit mir zusammenarbeiten und nahm mich unter Vertrag – das Romanmanuskript gefiel ihm aber nicht. Er schlug mir vor, ich solle mit dem Roman noch einmal von vorn beginnen.

Wir sprachen über die Ausrichtung des Romans, konnten uns nicht einigen, und schließlich wurde der Vertrag aufgelöst. Ich ging beim Aufbau Verlag an Bord und bekam einen neuen Lektor. Gunnar Cynybulk pflügte genauso streng durch das Manuskript. Als ich es wiederbekam, war es rot von unzähligen Anmerkungen. Ich schrieb um, ich schrieb neu, ich suchte andere Wörter. Und allmählich hörte der Roman auf, wild den Kopf zu werfen und auszuschlagen. Er lernte, zur richtigen Zeit zu galoppieren, zu traben, Schritt zu gehen.

Heute, acht Romane später, habe ich gelernt, dass jedes Buch zu Anfang ungezähmt und bissig ist und dass ich nie ohne blaue Flecken davonkomme. Aber ich habe auch gelernt, dass sich die Mühe lohnt.

Seit dem ersten Roman, „Der Kalligraph des Bischofs", programmiere ich keine Computerspiele mehr. Wenn ich weiß, was ich will, wenn ich ein innerliches Ziel verfolge und einen Traum Wirklichkeit werden lassen will, dann kann ich zu Angeboten Nein sagen, die mich davon ablenken würden.

Ein Jagdhund holt den Hirsch nur ein, wenn er die Witterung aufnimmt und dann dieser einen Spur folgt. Er darf sich von Kaninchenspuren nicht ablenken lassen, auch nicht von Rebhuhnspuren oder einer Fuchsfährte. Er kann nicht allen Spuren gleichzeitig folgen. Erfolg hat er, weil er sich auf eine Spur konzentriert.

Klingt schlau – nur, dass ich schlecht im Neinsagen bin. Oft merke ich, dass ich mich mal wieder verzettele und auf zu viele verschiedene Ziele konzentriere. Tag für Tag nehme ich mir so viel vor, dass ich nur die Hälfte davon schaffen kann, und gehe abends unglücklich schlafen. Ich bin mit dem Geleisteten und Erlebten des Tages nicht zufrieden.

Das ist eine wichtige Erkenntnis für mich; ich habe zehn Jahre gebraucht, um zu lernen, dass es nicht die Umstände sind, die meine Tage vollstopfen, sondern ich selbst. Also sind es auch nicht die Umstände, die mich unglücklich machen. Ich selbst mache mich unglücklich, wenn ich mir jeden Tag zu viel vornehme.

Gestern Abend wollte ich eine CD hören. Eine bestimmte. Unbedingt. Weil aber die Hülle leer war, habe ich sämtliche CDs aufgemacht und nachgesehen, ob die CD falsch einsortiert war. Ich hatte natürlich sofort Lena im Verdacht. Ich bin doch ordentlich, ich räume die CDs immer gleich wieder ein! Nach einer zornigen halben Stunde war ich drauf und dran, die nutzlose Hülle wegzuwerfen. Da fand ich die CD im CD-Player. Kurz vor der Suchaktion hatte ich sie hineingetan, fiel mir wieder ein. Lena hat gelacht. Völlig zu Recht …

So leicht gebe ich anderen die Schuld, wenn etwas in meinem Leben nicht so läuft, wie ich es haben will. Meistens können sie nichts dafür, und ich muss erkennen, dass ich selbst am Steuer sitze.

Ich kann Aufgaben abgeben, weniger machen, und das dafür richtig und mit Freude. Es lohnt sich, die Ziele für den Tag bewusst zu wählen. Ich merke, dass niemand deshalb böse auf mich ist. Ich bin bloß glücklicher.

Glücklich mit wenig

Als Student wohnte ich in einer Sozialbauwohnung an einer lauten Straße. Anfangs hatte ich nicht mal einen Kühlschrank. Ich baute mir einen aus Pappkartons und stellte ihn auf den Balkon. Bald lag Schnee darauf. Der selbstgebaute Kühlschrank hielt Butter, Milch und Joghurt kalt. Als im Frühjahr der Schnee taute, schenkten mir Freunde ihren Kühlschrank, weil sie sich einen neuen zugelegt hatten.

Damals kaufte ich ausschließlich bei Aldi ein. Ich hatte bei der Wohnungssuche darauf geachtet, dass eine Filiale des Discounters in der Nähe war – Rewe oder Kaiser's konnte ich mir nicht leisten (und an Bio-Märkte war noch gar nicht zu denken).

Jeden Tag fuhr ich mit dem Fahrrad zur Universität. Unterwegs, während ich in die Pedale trat, kamen mir die besten Ideen. Und wenn ich heimkehrte, erfrischte mich der Fahrtwind.

Kinobesuche musste ich gut abwägen, ich ging dienstags, da war Kinotag und das Ticket war billiger. Bücher kaufte ich nur selten; ich lieh sie mir in der Bibliothek aus. Meine Couch, der Kleiderschrank und das Geschirr stammten von einer Wohnungsauflösung, den Schreibtisch hatte ich von meinem Vater übernommen, er hatte an ihm schon gearbeitet, als ich laufen lernte.

Und ich war glücklich! Ich liebte es, auf dem Sofa zu liegen und die Texte fürs Studium zu lesen. Ich liebte die kostbaren Kinobesuche. Ich sah oft meine Freunde, und ich spielte viel Klavier, ich musste nur vom Schreibtisch aufstehen und drei Schritte gehen, schon saß ich an den Tasten. Zu essen gab es abwechselnd Nudeln, Tiefkühlpizza und Kartoffeln mit Butter- gemüse, aber es schmeckte mir, ich vermisste nichts.

Dann, mit den Jahren, wuchsen die Ansprüche. Ich kauf- te mir ein Auto und fuhr kaum noch Fahrrad. Ich suchte gar nicht erst, ob es ein Buch in der Bibliothek gab, sondern bestellte es gleich beim Buchhändler. Ich richtete mich neu ein mit einem schicken Sofa, leistete mir teure Hemden und einen Anzug von Hugo Boss. (Als mein Lektor mich einmal auf ei- ner Verlagsparty damit sah, sagte er scherzhaft: „Wir bezahlen dir zu viel, Titus.")

War ich glücklicher mit einem Auto? Nein. Die Bücher zu kaufen hat mir Spaß gemacht, das ist auch heute noch so. Gestern guckte Lena besorgt aufs Regal im Wohnzimmer und sagte: „Sechs, sieben Bücher kannst du noch kaufen. Für mehr reicht der Platz nicht. Und was machen wir dann?" Ich werde mich wohl von einigen wieder trennen müssen …

Trotzdem, ich habe nicht vergessen, dass ich auch mit weni- ger auskomme und wie glücklich ich damals war. Inzwischen haben Lena und ich das Auto verkauft. Vermisse ich es? Kein bisschen. Ich bewege mich seitdem mehr, gehe zu Fuß ein- kaufen oder laufe zur U-Bahn.

Und ich habe mir wieder ein Fahrrad gekauft. Der Händler pries den stabilen Schweizer Gepäckträger an. Ich dachte: Der Gepäckträger ist mir egal. Deswegen kaufe ich doch kein Fahrrad! Längst liebe ich das stabile Ding. Ich habe Bücherkisten, Wocheneinkäufe, „Mitfahrer" damit transportiert; der Gepäckträger hält alles aus. Gerade hatte ich Kohlebriketts daraufgeschnallt, weil wir in der Küche mit Holz und Kohlen heizen können. Ich liebe das, diese besondere Wärme und das Knacken im Ofen. Keine Bedenken nötig – mein Gepäckträger und ich sind ein Dreamteam.

Natürlich ist ein Auto bequem, vor allem, wenn man Kartons zum Recyclinghof fahren muss oder Getränke einkauft. Aber als Autobesitzer saß ich hinter Glasscheiben und fuhr so schnell, dass ich keine Gesichter mehr erkannte, keine lustigen Straßennamen lesen konnte und den Duft der warmen Sommerluft, den moderigen Herbsthauch und die zarte Frühlingsluft verpasste. Ich musste daran denken, rechtzeitig die Winterräder aufzuziehen. Ich musste zum TÜV und wegen leuchtender Lämpchen am Armaturenbrett oder wegen seltsamer Fahrgeräusche in die Werkstatt. Bei jeder Tankstelle registrierte ich den aktuellen Benzinpreis und dachte darüber nach, welcher Wochentag es war und ob es am Montag günstig wäre, hier zu tanken. Das Auto war eine Erleichterung, aber auch eine Belastung.

Keine Frage: Glücklichsein mit wenig, das hat seine Grenzen. In einer Stadt wie München lässt es sich gut ohne Auto leben, auf dem Land hingegen ist man darauf angewiesen. Und wer keine wärmende Kleidung besitzt oder hungern muss, leidet schlimm.

Andererseits hat auch das Mehr eine Grenze. Zu viele Kleidungsstücke verstopfen meinen Schrank. Zu viele Freizeitaktivitäten verwandeln die Entspannung in Hetze. Etwas, das schön ist, ist in zehnfacher Ausführung nicht unbedingt zehnmal so schön.

Lena wechselte gerade die Musikschule, sie hat eine Festanstellung bekommen. An ihrer alten Musikschule, wo sie mehrere Jahre unterrichtet hat, gab es ein Abschlusskonzert ihrer Schüler. Dort wurde mir erst richtig klar, wie beliebt Lena als Lehrerin ist. Nach dem Konzert umringten sie Kinder und Eltern und verabschiedeten sich; manche der Kinder weinten. Sie bekam so viele Blumen, dass uns die Musikschulleiterin mit einem Kleinbus nach Hause fahren musste.

Jetzt steht das ganze Haus voller Blumen. Ich muss gestehen, die vielen Sträuße überfordern mich. Das Gewirr aus Farben und Düften in jedem Zimmer ist mir zu viel. Ich freue mich an einer Gerbera mehr, wenn sie für sich allein auf dem Küchentisch steht.

Es ist paradox: Manchmal bin ich mit wenig glücklicher als mit viel.

Vertrauen

Ich habe mein Leben lang in Großstädten gelebt und dort gibt es ein Zuviel an Menschen. Wenn man von Millionen Leuten umgeben ist, gehört es zur notwendigen Überlebensstrategie, die anderen zu ignorieren. Man guckt sich in der U-Bahn nicht an. Hat man seine Haltestelle erreicht, reiht man sich an der Rolltreppe ein, fährt nach oben und geht anschließend stur seinen Weg. Niemand sagt: „Guten Tag." Großstädter würden ja nicht fertig werden damit, nach fünfunddreißig Mal „Guten Tag" wäre schon die U-Bahn weggefahren.

Im Stadtbezirk Marzahn, wo ich zur Schule ging, wohnten wir in einem Haus mit elf Stockwerken. Manche Leute im Haus kannte ich auch nach Jahren noch nicht. Im Treppenhaus grüßte man sich, aber ich wusste teilweise weder den Namen noch die Etage zuzuordnen.

Gestern sagte ein kleiner Junge auf der Straße zu mir „Hallo", und ich war völlig perplex: Warum grüßt der mich? Ich habe ihn zurückgegrüßt und gemerkt, wie gut mir das getan hat. Wir haben uns gegenseitig wahrgenommen.

Eigentlich sind wir als Menschen so gestrickt, dass wir aufeinander reagieren. Wir fühlen uns in die anderen ein und stecken uns gegenseitig mit Emotionen an. Haut sich jemand mit dem Hammer auf den Daumen, verziehen alle Menschen ringsum vor Schmerz das Gesicht – obwohl sie selbst ja nichts verspüren. Sie versetzen sich in den armen Mann hinein, der sich wehgetan hat.

Lachen steckt an, Weinen steckt an. Das ist gut so. Ich möchte in immer mehr Oasen mein Leben mit Menschen teilen. Natürlich kann ich nicht die halbe Stadt kennen, aber der Rückzug ins Private darf nicht dazu führen, dass ich keine Freundschaften mehr schließe und mir andere Menschen immer gleichgültiger werden. Muss es mir nicht zu denken geben, dass Sterbende häufig sagen, sie würden, wenn sie ihr Leben noch einmal zu leben hätten, den Menschen mehr Zeit widmen, der Familie, den Freunden?

Ich mag Menschen doch, vom kleinen Kind bis zum Greis, von der jungen Mutter bis zum Großvater. Menschen bringen mich zum Lachen und zum Nachdenken, ich gehe gern mit jemandem spazieren, spiele, musiziere, albere herum.

Vier Forscher der University of Kentucky haben sich die Lieder angeschaut, die es von 1980 bis 2007 in den USA in die Top Ten geschafft hatten, und untersuchten ihre Texte. Wörter wie „wir", „unser", „uns" sind nach und nach weniger geworden im Verlauf der letzten dreißig Jahre.

Dass die Entwicklung in diese Richtung geht, ist kaum zu übersehen. Die Postbank wirbt mit dem Slogan „Unterm Stich zähl ich", L'ORÉAL wirbt mit „Weil ich es mir wert bin". Es gibt Dutzende Beispiele dafür, wie man uns einflüstert: „Kümmere dich um dich! Jeder achtet nur auf seinen Vorteil, achte auch du auf deinen!"

Heilsamer ist es für mich, etwas für andere zu tun. Jemandem, der gern liest, ein Buch zu schenken. Mit einem Kind ein Beet umzugraben. Filme zu verleihen. Jemanden zum Essen einzuladen.

Heute habe ich eine 91-Jährige im Altersheim besucht. Unser Gespräch – Erinnerungen an früher, ich war ein Kind, sie war eine alte Frau gewesen, aber noch keine Greisin – hat mir gutgetan, und ihre Augen leuchteten noch wie früher. Am Schluss erzählte sie mir, dass die Frau aus dem Nachbarzimmer sie jeden Abend besucht und ihr „Gute Nacht" wünscht. Als sie das sagte, hatte sie Glückstränen in den Augen.

Wir brauchen die Begegnung. Nicht das Bad in der Menge, sondern echte Freundschaft.

Leider behindert uns dabei die uns anerzogene Angst, ausgenutzt zu werden. Wir rechtfertigen uns mit Gedanken wie: „Die könnten sich doch selber mal anstrengen. Ich krieg schließlich auch nicht alles hinterhergeworfen." Oder: „Immer melde *ich* mich bei *ihm*."

Geht es nicht um einen Einzelnen, sondern um eine Organisation, sind wir mit unserer Unterstützung noch zurückhaltender. Sie sind uns alle verdächtig: die Parteien, die Kirchen, die Hilfsorganisationen. Die Parteien wollen Macht ausüben, denken wir, die Kirchen die Menschen melken, und Organisationen für Katastrophenhilfe oder Entwicklungszusammenarbeit drucken Kinder mit großen Augen auf Plakate, um uns dazu zu bringen, ihnen Geld zu spenden, mit dem sie dann weitere Plakate drucken können, um noch mehr Menschen anzuzapfen.

Was für eine fürchterliche Sicht auf die Welt ist das, wenn ich niemandem mehr zutraue, etwas aus guten Motiven heraus zu tun. Umarme einen Skeptiker, sagt man, und er wird daran zweifeln, ob du es wirklich so gemeint hast. Umarme einen Zyniker, und er wird nach seiner Brieftasche fühlen, um zu sehen, ob du ihn bestohlen hast. Am Ende ziehen wir uns misstrauisch in unser Wohnzimmer zurück und vergessen den Rest der Welt.

Dabei haben viele Politiker ihren Beruf ergriffen, weil sie etwas verändern wollen im Land und weil sie glücklich sind, wenn sie sich engagieren für ihre Stadt und andere Menschen. Bei einer Lesung traf ich jemanden, der in der Ortsverwaltung arbeitet und zum Beispiel gebrauchte Fahrräder für die Asylbewerber heranschafft, damit sie mobiler sind und nicht die teuren Bustickets kaufen müssen.

Der Onkel meiner Frau leitet im Ministerium in Österreich einen Bereich, der sich um die Gleichstellung Behinderter bemüht, und sorgt in Zusammenarbeit mit den Verkehrsunternehmen dafür, dass Behinderte leichter in Straßenbahnen einsteigen können. Momentan erarbeitet er einen Nationalen Aktionsplan Behinderung, der nach seiner Umsetzung durch die Schulen neue Modelle mit gemischten Schulklassen einführen soll.

Ich bin Entwicklungshelfern begegnet, die Ideale haben und Notleidenden helfen wollen. Ich kenne Pastoren, die von ihrer

Liebe zu den Menschen motiviert sind. Lehrer, die sich für die Schwächsten in der Klasse einsetzen.

Die werfen wir alle über Bord, weil wir uns auf die schwarzen Schafe konzentrieren. Wir machen die Welt arm durch unser Misstrauen. Damit uns niemand ausnutzt, kümmern wir uns nur noch um uns selbst.

Nach einer Weile fühlt sich der Alltag dann leer an. Dieses Stoßen mit den Ellenbogen, um sich einen besseren Platz zu erkämpfen, dieses laute Schreien, um auf sich aufmerksam zu machen – es ermüdet uns und erfüllt uns nicht.

Wer sich ausschließlich selbst verwirklicht, wer alle um sich herum nur danach beurteilt, ob sie ihn auf dem Weg nach oben behindern oder ihn unterstützen, der büßt am Ende genau das ein, was er erreichen wollte: ein erfülltes Leben.

Investiere ich mich, gebe mich her, dann gewinne ich das Leben. Ich kann zwar glücklich sein mit wenig, aber nicht allein. Andere glückliche Menschen stecken mich an und wärmen mir das Herz.

Teilen wie ein guter König

Lena veranstaltet ein Schülervorspiel. Wir sitzen auf bunten Kinderstühlen. Eltern, Großeltern, Geschwisterkinder. Vorn spielen die Kleinen auf der Flöte und auf dem Klavier ihre Stücke vor; eine spielt Bach, ein anderer „Star Wars", „Pink Panther" wechselt sich ab mit „Kühe mögen Gras und Stroh". Die Kinder sind nervös, Lena muss ihnen helfen, die Noten auf den Notenständer zu stellen. Sie spielen vor Aufregung zu schnell, verfehlen einige Töne, man sieht ihnen die Aufregung an. Im ganzen Raum herrscht gespannte Unruhe. Die Kinder, die als Nächste an der Reihe sind, tuscheln und rutschen auf ihren Stühlen hin und her.

Wenn eines das Stück beendet hat und der Applaus einsetzt, geht sein Blick nicht zu den Eltern oder den Großeltern, der erste Blick geht zur Lehrerin, zu Lena. Er fragt: Habe ich es gut gemacht? Bist du zufrieden mit mir?

Lena lächelt und nickt den Kindern zu, manchen streichelt sie ermutigend die Schulter, bevor sie die Bühne verlassen.

Das Bedürfnis nach Akzeptanz und Anerkennung haben wir alle. Nur gibt die Gesellschaft uns auf die Frage, ob wir liebenswert sind, leider die völlig falsche Antwort. „Du bist liebenswert, wenn du gut aussiehst. Du bist liebenswert, wenn du beeindruckende Leute kennst. Du bist liebenswert, wenn du Erfolg hast und alle anderen ausstichst. Du musst jung sein, attraktiv, sportlich, ein Überflieger. Und du musst die richtigen Dinge besitzen."

Ich bin Tag für Tag vom Prinzip Liebe-für-Leistung umgeben. Fahre ich erster Klasse mit der Bahn, werde ich schon beim Einsteigen lächelnd begrüßt. Die Zugbegleiterin bringt mir eine Zeitung, serviert mir das Essen, verwöhnt mich während der Fahrt mit Schokolade. In der zweiten Klasse gibt es diesen Luxus nicht. Wer viel bezahlt oder viel leistet, wird dafür belohnt. Wer gerade nichts leisten kann, ist uninteressant.

Ich habe das so oft erlebt, dass ich es selbst auf meine Beziehung mit Lena übertrage. Bekomme ich einen besonders zärtlichen Kuss von ihr oder werde stürmisch umarmt, dann rutscht mir mitunter die Frage heraus: „Womit habe ich das jetzt verdient?"

Unsere Welt besteht aus Bewertungen, Rangordnungen, Noten. Ständig werden wir verglichen, in Statistiken aufgeführt, eingestuft, bekommen bronzene, silberne oder goldene Kreditkarten, müssen uns in Bonussystemen hocharbeiten, werden befördert oder gefeuert.

Rankings haben Hochkonjunktur. Wir verehren die Reichsten der Welt, die Klügsten, die Besten, und ich frage mich insgeheim: Kann ich da nicht auch irgendwo auftauchen? Wer bin ich, wenn ich nie in einem Ranking erscheine?

Möglicherweise sind wir Deutschen dafür besonders anfällig. Unser Volk verehrt seit Jahrhunderten Werte wie Disziplin, Pünktlichkeit und Fleiß. Das macht uns zur stärksten

Wirtschaftsmacht in Europa. Es führt aber auch dazu, dass die Arbeit uns sehr beschäftigt, so sehr, dass wir blind werden für das Leben. Andere europäische Völker können besser feiern als wir, sich leichter entspannen. Dort hat man mehr Zeit für die Familie. Wir hingegen machen aus „Arbeit ist das halbe Leben" längst „Arbeit ist das ganze Leben".

Georg von Siemens, einer der Gründer der Deutschen Bank, brüllte einen Abteilungsleiter an, dem ein Fehler unterlaufen war: „Ein Mensch, der nicht mehr arbeiten kann, hat keine Existenzberechtigung!" Sein Zeitgenosse Carl Klönne, Vorstandsmitglied der Deutschen Bank AG von 1900–1914, weigerte sich, regelmäßige Spaziergänge zu machen. Man hatte es ihm aus gesundheitlichen Gründen nahegelegt. Er wehrte ab mit der Begründung: Die Leute könnten denken, er habe nichts zu tun.

Oft lebe auch ich wochenlang als Leistungsbringer, nicht als Mensch. Durch den Stress verliere ich die Fähigkeit, mich zu freuen, die Fähigkeit, zufrieden zu sein.

Wir Menschen müssen uns Ziele setzen und an ihrer Verwirklichung arbeiten, das ist gesund und gehört zu unserem Wesen. Niemand sollte antriebslos in der Ecke hocken. Nur lassen sich unsere Ziele oft in die Begriffe Reichtum und Wissen übersetzen. Haben Reichtum und Wissen überhaupt einen Wert? Nur wenn sie unseren Blickwinkel erweitern, uns über die Grenzen hinwegheben und helfen, auf der Welt etwas Gutes zu bewirken. Dann werden sie kostbar. Geld schafft

Unabhängigkeit, wenn wir von ihm, dem Geld, unabhängig bleiben. Wissen schafft Weisheit, wenn wir bereit sind, das Wissen zu teilen wie ein guter König.

Vor mir auf dem Tisch steht ein Teller mit dampfenden Kartoffeln, Buttergemüse und überbackenem Camembert, eine meiner Leibspeisen. Ich freue mich aufs Essen. Aber obwohl ich sehr hungrig bin, bezwinge ich meinen Appetit noch für einen Moment und stellte den Teller probeweise auf den Mülleimer.

Das Essen hat sich nicht verändert. Beim Mülleimer sieht es trotzdem erbärmlich aus. Das bestätigt einen Verdacht, den ich schon eine Weile hege. Als ich neulich vor der Toilette kniete und Essensreste aus dem Topf hineinschüttete, hätte ich mich beinahe übergeben, so widerwärtig war mir plötzlich die Suppe. Dabei hatte ich sie nicht lange zuvor vergnügt gelöffelt! Beim Hineinplatschen ins Toilettenbecken erschien sie mir abstoßend.

Ob etwas für mich wertvoll ist, hängt sehr davon ab, wie ich es einordne. Ein schrumpeliger Apfel ist auf der Reise kostbar, ich beiße mit Dankbarkeit und Genuss hinein. Zu Hause hatte ich noch überlegt, ob ich ihn wegwerfen soll.

Liegt ein Kunstwerk auf dem Müll oder hängt es im Museum? Dasselbe Bild erntet meine Bewunderung oder Verachtung – je nach seiner Umgebung, weil ich meine, aus ihr Rückschlüsse ziehen zu können.

Bei einer Lesung in der Villa Clementine in Wiesbaden habe ich Eliseo kennengelernt. Wir haben uns gut unterhalten und kamen irgendwann auch auf seinen Beruf zu sprechen. Er arbeitet als Verkäufer in der Jeans-Abteilung der Galeria Kaufhof. Ich versprach, am nächsten Morgen vor meiner Abreise bei ihm vorbeizuschauen. Hätte ich ihn nicht von der Lesung gekannt, ich hätte ihn im Kaufhaus vermutlich kaum eines Blickes gewürdigt. Ich werde beim Einkaufen ungern beraten, will am liebsten ungestört und allein sein. Angebote der Verkäufer, mir zu helfen, lehne ich immer ab. Jetzt aber wartete da ein fröhlicher junger Mann auf mich, den ich bereits kannte. Gemeinsam suchten wir nach neuen Hosen für mich. Was habe ich gelernt in dieser Stunde! Er brachte mir Hosen, die ich nie anprobiert hätte. Und sie gefielen mir! Außerdem hatte ich jahrelang meine Jeans zu kurz gekauft. Eliseo brachte mir bei, welche Länge die richtige für mich ist. (Die Jeans muss beim Anprobieren an der Ferse bis auf den Boden reichen, oder, wenn ich Schuhe trage, bis zur Oberkante des Absatzes.) Wir spaßten, plauderten, probierten. Mutig geworden, sprach ich Eliseos Kollegin auf ihren Berliner Dialekt an und scherzte mit ihr weiter.

Ich bin ein Shoppingmuffel. Ich hätte nie geglaubt, dass ich mich in einem Kaufhaus so vergnügen kann. Vor allem wäre ich diesen Menschen, Eliseo und seiner Kollegin, nicht wirklich begegnet.

Mir ist selten bewusst, wie viel Einfluss ich auf mein Leben habe. Damit meine ich nicht, dass ich mich entschließen kann, ab morgen Millionär zu sein oder Fußballer oder Vater von zehn Kindern. Viel wichtiger: Ich entscheide, was ich wahrnehme, was ich schätze. Damit verändere ich nicht nur meinen Alltag. Ich verändere mich selbst.

Ein Nachtfalter hat sich in mein Zimmer verirrt. Ich fange ihn mit einem Glas. Kleine Augen, Fühler, braungemusterte Flügel. Ein hässliches Flattervieh. Es ist ein Eulenfalter, eine Gammaeule. Das Tierchen sieht dumm aus.

Ich öffne das Fenster und lasse es frei. Der Falter flattert zu einem Busch und versteckt sich.

Neugierig geworden, lese ich nach – und bin verblüfft. Eulenfalter sind keineswegs dumm! Mein Tierchen merkt sich Küstenlinien, Straßen und Gebirge, es reist Hunderte Kilometer, sogar über die Alpen. Wenn der Wind es von seinem Weg abbringt, gleicht es das aus, indem es sich am Stand der Sonne orientiert, bis wieder bekannte Gebiete in Sicht kommen.

So ein kleines Tier, und so intelligent! Ich habe mich vom grauen, pelzigen Äußeren täuschen lassen. Von jetzt an sehe ich die Nachtfalter mit neuen Augen. Würde ich ohne Landkarte oder Navi in den Alpen zurechtkommen? Wahrscheinlich nicht. Ich würde nicht mal nach Bad Tölz finden. Die kleine Gammaeule hat meine Bewunderung.

Statt mich vom Erfolgshunger voranpeitschen zu lassen, möchte ich wieder öfter nach kleinen Wundern Ausschau halten und mich an jedem Fund freuen. An einem Nachtfalter, an einem Stein, am fröhlichen Tschilpen der Spatzen.

Die Zeitschriften sagen mir: „Mach auf dich aufmerksam mit Hochleistung oder du gehst in der langweiligen Masse unter – nur wer wahrgenommen wird, ist wertvoll."

Aber ich will auf die leise Stimme hören, die mir sagt: „Du bist wertvoll. Einfach so. Schau dir die Schönheit an, mit der ich dich umgeben habe!"

Und wirklich, da sind Regentropfen, die an der Fensterscheibe zerplatzen, sie blitzen im Sonnenschein auf. Es gewittert und regnet und gleichzeitig taucht die Sonne die Bäume in goldenes Licht. Ist das ein Regenbogen am Himmel? Er leuchtet immer kräftiger. Mir ist noch nie aufgefallen, wie steil der Bogen in den Himmel hinaufsteigt; er ist eine mächtige Säule, mit einem zweiten, schwachen Farbenspiel an ihrer Seite. Rot, Gelb, Grün und Blau und Violett – wie viele Farbeimer bräuchten wir für einen Bogen von solcher Größe? Er malt den Himmel an und verschwindet dann in einer halben Stunde wieder, ohne Spuren zu hinterlassen. Jetzt gibst du aber mächtig an, Gott, denke ich.

Warum fällt es mir so schwer, der leisen Stimme zuzuhören? In meiner Brust sitzt eine Unsicherheit über mich selbst, die mich taub macht. Bin ich liebenswert? Im Vergleich mit den Filmstars und den einflussreichen Menschen bin ich ein Niemand.

Da ist diese Angst, der Dumme zu sein. Übergangen zu werden, Chancen zu verpassen. Ich raffe an mich, was immer ich in die Finger kriege, und sehe doch nur die, die noch mehr haben. Im Grunde habe ich Angst davor, dass andere klüger sind als ich, dass sie den großen Erfolg ernten, während ich leer ausgehe. Dann würde ich mich kümmerlich und wertlos fühlen.

Mein Denken ist darauf ausgerichtet, wie ich Erfolg, Zuneigung und Ansehen ernten kann. Unsere Welt ist nun mal vom Wettbewerb geprägt. Die Konkurrenz schläft nicht! Der eine gewinnt, der andere verliert, und ich möchte zu den Gewinnern gehören.

Schon wenn mich jemand auf der Autobahn überholt, fühle ich mich persönlich herausgefordert. Ich drücke aufs Gaspedal und versuche, ihn einzuholen. Mein Freund Basti sagte einmal bei so einer Gelegenheit: „Das ist kein Wettrennen, Titus."

„Ich kann mich nicht von Autos überholen lassen", entgegnete ich, „die langsamer aussehen als meins. Guck dir diesen rostigen Polo an. Soll ich den etwa gewinnen lassen?"

Schon in der Kindheit fing es an. Als meine Brüder und ich noch so klein waren, dass wir jeden Freitagabend zu dritt in die Badewanne gesteckt wurden, spielten wir Um-die-Wette-Luftanhalten. Wer schaffte es, länger mit dem Kopf unter Wasser zu bleiben?

Wir aßen Butter um die Wette, bezähmten unseren Brechreiz. Wir liefen um die Wette bis zur nächsten Hausecke. Bei Prügeleien fanden wir heraus, wer der Stärkste war.

Mit den Schulkameraden spielte ich Fußball oder Basketball. Leider wählte man mich ungern in die eigene Mannschaft, denn ich verlor auf dem Spielfeld schnell den Überblick und passte den Ball versehentlich zu den Gegnern. Allenfalls konnte ich in der Verteidigung als „Störfaktor" eingesetzt werden.

Im Erwachsenenalter ging es mit den Wettbewerben weiter. Ich bewarb mich um einen Studienplatz in Oxford – und wurde abgelehnt. Offensichtlich hatten sich Bessere beworben. (Außerdem war mein Begründungsschreiben wohl etwas unklug verfasst: Ich gab an, in Oxford studieren zu wollen, weil ein von mir geschätzter Autor, C. S. Lewis, dort gelebt und gelehrt hatte.)

Ab und an gewann ich einen Wettbewerb. Ich durfte fünf Wochen auf der Isle of Wight Schreiburlaub machen, weil ich den C. S. Lewis-Preis erhalten hatte. Für den dritten Platz beim Sir Walter Scott-Preis, der die besten historischen Romane auszeichnet, bekam ich fünfhundert Euro in Goldmünzen.

Wettbewerbe motivieren mich, sie aktivieren meinen Spieltrieb und machen Spaß. Bei so manchem Brettspiel haben wir um die Wette gespielt und uns am Ende trotzdem lachend in den Armen gelegen.

Das Leben selbst ist allerdings kein Wettbewerb. Es ist entscheidend, das nicht zu verwechseln. Ich muss mich nicht wichtiger oder besser fühlen als andere, um zufrieden sein zu können.

Tagtäglich erlebe ich Hunderte von Wettbewerben. Telefongesellschaften buhlen um uns, Waschmittelproduzenten konkurrieren, jeder will uns für seine Zahnpasta, sein Auto, seine Tageszeitung gewinnen und steht mit den anderen im Wettstreit.

Politiker werden mit wöchentlichen Umfragen in Rankings eingeteilt. Jeder von uns, ganz gleich, welchen Beruf wir ausüben, steht unter einem permanenten Druck, seinen Wert unter Beweis stellen zu müssen.

Wir sind zur Ware geworden, zur Ware mit einem Wert und einem Verfallsdatum. Durch Weiterbildungen, schöne Kleidung und gepflegtes Äußeres versuchen wir, unseren Marktwert zu steigern. Wir suchen uns Freunde, die uns aufwerten, sammeln Abschlüsse, kaufen prestigeträchtige Handys, Autos, Wohnungen. Wir versuchen, uns nicht „unter Wert" zu verkaufen. Dabei wissen wir, dass die Uhr tickt, unsere Kräfte lassen nach, unser Marktwert sinkt, bis wir eines Tages ins Altenheim „entsorgt" werden. Deshalb müssen wir möglichst schnell möglichst weit kommen, solange wir oben schwimmen. Was für eine traurige Herangehensweise an das Leben!

Die Castingshows sind ebenfalls Ausdruck davon, dass wir immer der Schönste, der Klügste und der Bewundertste sein müssen. Die Shows machen mir weis, mein Talent habe nur dann Sinn, wenn ich der Beste bin. Ich muss kämpfen! Ich muss ganz nach oben! Wer es nicht aufs Siegertreppchen schafft, sollte lieber gleich aufgeben. Entweder ich werde

Superstar, oder ich bin nichts wert. Entweder ich werde Bestsellerautor, oder mein Schreiben ist sinnlos.

Man muss sich das auf der Zunge zergehen lassen, um den sauren Unsinn herauszuschmecken. Nur der beste Polizist darf weitermachen, alle anderen sollten kündigen. Nur der beste Bäcker darf Brötchen backen, alle anderen Bäcker sind nutzlos. So ein Quatsch!

Das Prinzip der Castingshows führt in die Irre. Es geht im Leben nicht darum, an die Spitze zu gelangen. Auch ein kleiner, murkeliger Garten kann zauberhaft sein. Man muss nicht den Schlossgarten von Sanssouci haben, um sinnvoll zu gärtnern.

Bin ich auf dieser Welt, um andere zu besiegen? Nein. Ich bin auf dieser Welt, um zu ermutigen und das Beste in anderen Menschen zu wecken.

Schon oft hat das jemand für mich getan. Zum Beispiel ist ein Mann für mich wichtig geworden, dem ich nur ein einziges Mal begegnet bin, mit fünfzehn. Bereits damals war er alt und saß im Rollstuhl. Seine Frau und er hatten einige junge Leute zum Essen eingeladen. Es gab Eintopf. Mein Englisch war miserabel. Wir waren erst seit ein paar Monaten in Amerika, und als DDR-Kind hatte ich Russisch gelernt, nicht Englisch. Trotzdem versuchten wir eine Unterhaltung. George Dunder sammelte Briefmarken wie ich auch, das gab eine erste Gemeinsamkeit. Er erzählte davon, wie er es liebe, aus dem Fenster in den Garten zu sehen, und dass es ihm leidtue, dass seine Frau die meiste Arbeit machen müsse. Ich versprach, ihm deutsche Briefmarken zu schicken, und notierte mir seine Adresse.

Danach sahen wir uns nie wieder. Wir schickten uns auch nur ein einziges Mal Briefmarken. Aber wir fingen an, uns Briefe zu schreiben, teilten unsere Sorgen, Sehnsüchte und Alltagsfreuden miteinander. Längst waren meine Familie und ich nach Deutschland heimgekehrt. Dass George so weit weg wohnte, gab mir den Mut, ihm persönliche Gedanken zu schildern. Ich glaube, ich war froh, einen Vertrauten zu haben, der nicht zum Geburtstag auftauchte und womöglich meinen Freunden erzählen konnte, was ich ihm gebeichtet hatte. Alles schrieben wir uns. Ich berichtete ihm, in wen ich verliebt war und von welchem Beruf ich träumte. Ich schrieb ihm von Enttäuschungen und von Euphorie. Vielleicht ersetzte er mir den Großvater, der damals bereits gestorben war und den ich sehr geliebt hatte.

Eines Tages schrieb George: Titus, du kannst so großartig erzählen. Wäre das nicht was für dich? Du könntest Autor werden.

Ich will genauso in anderen Menschen das Beste wecken. Sie zu ihren Stärken ermutigen. Manchmal sind wir blind für etwas, das in uns schlummert, und erst ein Außenstehender öffnet uns die Augen dafür.

Ohne George hätte ich vielleicht nie zu dem Beruf gefunden, der mich heute Tag für Tag glücklich macht. Auch andere haben mich unterstützt. Mein Vater gab mir eintausend

Mark Startkapital, als ich mit Anfang zwanzig einen kleinen Verlag gründete. Nicht jeder hätte die Courage gehabt, den Sohn bei einer derart wagemutigen Geschäftsidee zu unterstützen. Die Idee war damals zart und zerbrechlich; er hätte mir das Projekt ohne Probleme ausreden können. Stattdessen hat er mich ermutigt.

In unserer Gesellschaft beschäftigen wir uns gern mit Gewinnern. Wir träumen, wir wären sie, und versuchen, uns etwas abzugucken. Ganze Zeitschriften widmen sich den Stars aus Sport, Musik und Film und geben uns das Gefühl, den Gewinnern nahe zu sein und sie sogar ein wenig zu kennen. Aber das verführt uns zu einem passiven Leben. Wir gewöhnen uns daran, aus der zweiten Reihe zu beobachten, anstatt selbst Einfluss zu nehmen. Unser Herz verfettet, wir werden träge.

Ich meine damit nicht, dass wir mehr Ellenbogeneinsatz brauchen. Wer seinen Platz im Leben kennt, hat keine Ellenbogen nötig. Nein, ich meine, dass wir aus der Passivität auftauchen müssen, und zwar nicht, um gegeneinander zu arbeiten, sondern füreinander.

Mein Wert als Mensch entsteht nicht erst durch das, was ich leiste. Alles, was mich wertvoll macht, trage ich schon in mir. Ich muss mich nicht beweisen. So wie ich bin, mit meinen Träumen, meinem Mitgefühl, meiner Geltungssucht, meinen Stärken, Schwächen und Sehnsüchten, bin ich ein wertvoller Mensch. Kein fehlerfreier Mensch. Aber ein wertvoller.

Ich bin wie ein Buch, aus dem ein paar Seiten rausgerissen wurden, das Fettflecken hat und Eselsohren und einen abgestoßenen Rücken. Nun kann ich mich auf diese Schwächen konzentrieren, auf die fehlenden Seiten, die Flecken und die Eselsohren und fühle mich tagein, tagaus schlecht. Ich kann um einen Platz im Regal kämpfen, möglichst weit oben, möglichst neben berühmten Büchern, damit ich mich etwas besser fühle.

Aber ich kann mich auch auf die Seiten konzentrieren, die da sind, und auf die Geschichte, die der Große Autor erzählt. Es ist eine gute Geschichte, und sie ist es, die mich zu einem guten Buch macht. Sehe ich mein Leben so, fällt mir eine schwere Last von den Schultern. Mir macht der Alltag wieder Spaß, weil ich mich gewollt fühle.

So oft arbeite ich, um etwas zu erreichen und endlich jemand zu sein. Dabei ist es hundertmal besser, wenn ich jemand bin und deshalb arbeite.

Ich kämpfe für Menschlichkeit, nicht, weil ich mich profilieren muss, sondern weil ich eine gute Geschichte zu erzählen habe. Meine Geschichte. Ich gehöre in meine Haut. Karl Böhm sagte: „Glück ist wie ein Maßanzug. Unglücklich sind meistens die, die den Maßanzug eines anderen tragen möchten." Das habe ich lange genug versucht. Ich bin viel fröhlicher, wenn ich Sachen trage, die mir passen.

Die Kunst, einen Augenblick zu erleben

Kürzlich fuhr ich fünf Stunden mit dem Zug. Für den Hunger zwischendurch hatte ich mir Joghurt eingepackt. Im Zug merkte ich dann, dass ich etwas Wichtiges vergessen hatte: einen Löffel.

So geht's mir oft. Ich stapele Vergnügungen und Besitz und vergesse den Löffel, mit dem ich beides erst auskosten könnte: Zeit. Ein Rabbi sagte mal, alles Wichtige komme leise. Der Aufgang der Sonne, das Schlagen des Herzens, ein Gedanke der Liebe und das Reden Gottes. Hat dieses Leise, Langsame einen Platz in meinem Leben?

Ich halte das Verstreichen von Zeit nicht aus. Um jede Minute meines Lebens richtig auszunutzen, tue ich oft mehrere Dinge gleichzeitig. Während ich telefoniere, klicke ich im Internet herum. Ist bei einem Sspiel der Computer an der Reihe, lese ich ein paar Zeilen in einem Buch. Ich esse nebenbei, putze nebenbei die Zähne.

Italienische Wissenschaftler untersuchten die Richter des Landes. Solche, die mehrere Aufgaben gleichzeitig erledigten, waren langsamer als diejenigen, die sich nur auf eine Aufgabe konzentrierten. Es stellte sich sogar eine feste Regel heraus: Je mehr die Juristen zugleich auf dem Schreibtisch hatten, desto länger brauchten sie für jedes einzelne Verfahren.

Ich will nicht verlernen, den Augenblick zu erleben. Alles ist ein Geschenk, das Leben, jeder Tag, und mein Glücksempfinden ist stärker, wenn ich eine Sache mit ganzem Herzen mache. Nur dann würdige ich sie wirklich und gebe ihr den Respekt, den sie verdient.

Manchmal hilft es mir, wenn Pläne missglücken, weil das mein Lebenstempo drosselt. Gerade stehe ich am Gleis des kleinen Bahnhofs von Hannoversch Münden. Die Regionalbahn hat zwanzig Minuten Verspätung. Es ist zu kalt, um die Hände aus den Taschen zu nehmen und ein Buch zu halten, also schaue ich mich um, stehe da und beobachte zwei Raubvögel, die hoch am Himmel kreisen. Minutenlang segeln sie, ohne mit den Flügeln zu schlagen. Ich freue mich über den Wind in den Baumkronen. Erstaunlich, dass jeder Baum anders aussieht, die Äste mit ihren Verzweigungen, der knorrige Stamm. Wahrscheinlich gibt es auf der ganzen Welt nicht zwei Bäume, die gleich sind. Der Herbst hat schon den Pinsel über die Blätter geschwungen, rostbraun, erdbraun, erdbeerrot leuchten sie. Daneben biegen sich die weißen Stämme einiger Birken.

Regenschauer setzen ein. Ich stehe im kleinen Bahnsteighäuschen und schaue hinaus in den Regen, und ich mag die Welt. Als der Zug einfährt, bin ich durchgefroren, aber glücklich. Ich wärme mich im Zug auf, den Blick aus dem Fenster gerichtet.

Zum Staunen muss ich innehalten, muss mir die Verblüffung erlauben. Das braucht Zeit. Im Alltagsdauerlauf übersehe ich so vieles. „Mensch" heißt auf Finnisch *Ihminnen* und leitet sich vom Verb *ihmetellä* ab, das „staunen" bedeutet. Die Finnen sehen jeden Menschen als ein Wesen an, das staunen kann. Grund dazu gibt es hundertfach.

Heute Morgen beim Duschen löste sich eine Seifenblase aus der Duschgelflasche und flog zartschillernd durchs Bad. Eine Weile schwebte sie vor mir auf der Stelle. Dann wurde sie von einem Luftzug erfasst und begann eine Reise am Spiegel vorbei in Richtung Fenster. So leicht, so glänzend und frei … Kinder lieben Seifenblasen, sie sehen das Wunder klarer als wir. Die Kugeln bestehen aus einem dünnen Seifenwasserfilm, wobei das Wasser sich auf der Innenseite der Blase befindet. Es läuft allmählich abwärts, und dadurch wird die Haut der Seifenblase oben dünner, bis sie platzt. Dass es überhaupt solche Blasen gibt, hängt mit der Oberflächenspannung von Flüssigkeiten zusammen. Auch klares Wasser besitzt diese Spannung, aber sie ist dort dreimal so hoch und sorgt dafür, dass Blasen sofort platzen. Wie elastisch eine Seifenblase ist und wie sie in allen Farben leuchtet!

Da ist ein Baby im Zug, das mich anlächelt. Der Bahnschaffner hat gute Laune und scherzt mit den Leuten. Draußen hat es aufgehört zu regnen. Ich sehe hinter einem Gartenzaun eine alte Frau im Kittel, die Unkraut aus der Erde zupft. Immer noch pflegt sie ihren Garten, die Beete liegen ihr am Herzen.

So oft rauschen meine Tage stumpf dahin und ich erschrecke: Schon wieder eine Woche rum. Schon wieder ein Monat.

Habe ich wirklich gelebt? Leben bedeutet, wahrzunehmen, was ich tue.

Natürlich besteht der größte Teil des Tages aus Arbeit. Aber auch die kann ich wertschätzen und würdigen. Wenn ich nur bestimmte Schritte als „Arbeit" gelten lasse, nur das Schreiben am Manuskript beispielsweise, und alles andere als „Aufhaltung" abqualifiziere, zerreißt es mich innerlich. Dann bin ich unglücklich, wenn ich die Post beantworte, unglücklich, wenn ich die Wohnung aufräume, unglücklich, wenn ich einkaufen gehe und für den aktuellen Roman recherchiere – alles, was keine „Seiten produziert", ist wertlos.

Dabei ist auch das Aufräumen eine wichtige Aufgabe. Nach dem Einkaufen kann ich stolz auf mich sein wie über einen guten Satz im Roman. Gehe ich so an den Tag heran, fühle ich mich nicht mehr zerrissen. Jeder Tagesabschnitt hat seine eigene Würde.

Selbst bei der Arbeit gilt es, den Augenblick zu ehren. Wenn ich versuche, Dinge schnell zu erledigen, werde ich schlampig. Mir fallen Gegenstände runter, ich drucke auf Schmierpapier statt auf richtiges Papier oder stelle fest, dass ich das falsche Datum auf den Brief geschrieben habe, und muss alles noch mal drucken. Ich laufe hastig los und vergesse den Brief zu Hause, den ich einstecken wollte, oder gehe ohne Portemonnaie zum Einkaufen. Am Ende spare ich keine Zeit und bin auch nicht richtig bei der Sache. Ich bin in dem Moment, den ich gerade erlebe, nicht gegenwärtig. Das führt dazu, dass ich mich von mir selbst distanziere, und am Ende falle ich wie eine Puppe todmüde ins Bett, ohne den Tag wirklich durchlebt zu haben.

Dabei will ich nicht nur Augenblicke wertschätzen, die vorgeblich einen hohen Nutzwert haben. Nicht nur Dinge tun, die meinen Marktwert erhöhen. Welchen Nutzwert hat es, mit dem Fahrrad einen Berg hinunterzusausen? Welchen Nutzwert hat das Lächeln eines Kindes? Wie bringt mich eine Katze weiter, die sich an mein Bein schmiegt?

Es gibt hier eine Katze, die nach Einbruch der Dunkelheit am Straßenrand sitzt, als würde sie auf mich warten. Komme ich vorbei, rede ich mit ihr, und sie streicht mir um die Beine. Sie läuft wie ein Hund einige Querstraßen neben mir her, bis sie stehenbleibt und wir uns verabschieden. Ein schönes Ritual!

Ich verdiene nichts damit und werde – außer von der Katze – auch von niemandem dafür geliebt (eine emotionale Währung, in der ich mich gern bezahlen lasse), es ist „nur" die Würde des Augenblicks, die der Begegnung mit der Katze Bedeutung verleiht.

Alfred Döblin schrieb einmal: „Da sind viele Dinge, die einen gesund machen können, wenn nur das Herz gesund ist." Ich möchte sie alle auskosten: das Gefühl tiefer Freundschaft bei einem langen, vertrauten Gespräch. In einer Buchhandlung beim Stöbern ein Buch zu entdecken, das mich interessiert, es gleich zu kaufen und schon auf dem Weg nach Hause in der Straßenbahn mit dem Lesen zu beginnen. Ein Marmeladenglas zu öffnen, wenn Lena es nicht geschafft hat und mich darum bittet. Die Begeisterung für ein Lied, ein Bild, ein gutes Brettspiel mit anderen zu teilen.

Die Kunst, in der Freizeit Ruhe zu finden

„Früher wussten die Menschen wenig, aber das Wenige bewegte sie tief. Heute wissen die Menschen viel, aber es bewegt sie nur oberflächlich."
Sören Kierkegaard

Mein Kopf summt förmlich vor Dingen, die er verarbeiten und verwerten soll. Und ich bin selbst schuld daran. Ich surfe im Internet herum, lese Online-Nachrichten, pumpe mich in Diskussionsforen voll mit Unwichtigem und grase bei Facebook über den Einträgen von halb Unbekannten. Am Abend ist der Kopf übervoll, ich finde keine Ruhe.

Im Spätsommer 2006 war das anders. Ich verbrachte fünf Wochen auf der Isle of Wight, lebte in einem kleinen Häuschen ohne Internetzugang. Der damalige Brendow-Verleger, Erich Koslowski, gab mir zwar seinen Surfstick mit, aber jede Minute, in der ich den Stick im Ausland einsetzte, kostete ihn viel Geld, also rief ich nur einmal täglich E-Mails ab. Wenn ich beim Schreiben festhing, wechselte ich nicht zu ZEIT Online oder zu Facebook, sondern ging zum Meer hinunter und schaute auf die Wellen. Oft spazierte ich über die Insel. Es war wunderbar.

Auch wenn ich normalerweise über kein Haus am Meer verfüge, zwingt mich doch niemand dazu, jede freie Minute im Internet zu verbringen. Ich kann mir einen Tee kochen, kann spazieren gehen. Ich kann schöne Musik hören, ein bisschen Klavier spielen.

Ob ich mein Leben als unruhig empfinde, hat viel mit meiner Freizeitgestaltung zu tun. Während ein Brief noch Geduld und Besinnung erforderte, ist das Mailen oder gar das SMSen flüchtig, als habe das schnelle Versenden auf das Schreiben abgefärbt. Die Mail und die SMS sind sofort beim anderen. Alles geschieht in Echtzeit. Ich kann Zeitungsmeldungen in dem Moment lesen, in dem sie getippt werden, manchmal noch mit Fehlern oder unvollständig als Eilmeldung.

Das verführt zu hastiger Oberflächlichkeit: Dieses Jahr gratulierte mir jemand bei Facebook Anfang Oktober zum Geburtstag. Sofort schlossen sich weitere an. Ich hatte Mühe, sie aufzuhalten und richtigzustellen, dass ich gar nicht Geburtstag hatte. Schon gratulierte am Folgetag der nächste, er hatte wohl die Pinnwand nur überflogen und irgendwas von „Geburtstag" gelesen. „Wollt ihr mich unbedingt ein Jahr älter machen?", schrieb ich entnervt. Es war eine neue Erfahrung für mich, sich fehlgeleiteter Gratulanten erwehren zu müssen.

Die moderne Kommunikation springt wie ein Stein übers Wasser, schnell und flach. Dabei stellt sich ein Gefühl ein, das Hanns Dieter Hüsch so beschrieb: „Keiner ist gut in der Zeit, alle laufen hinterher, die Welt verspätet sich immer mehr. Die Uhren gehen zu schnell."

Ich sehne mich zurück nach der Beständigkeit eines Buchs, nach Tiefgang und Nachhaltigkeit. Slow is beautiful, finde ich. Aber der Weg zurück dahin fällt mir nicht leicht. Die Echtzeit-Zeitung hat mich informationssüchtig gemacht, ich darf keine Meldung verpassen, surfe mehrmals täglich auf die Website und stopfe mir die Neuigkeiten in den Schlund, ich ersticke förmlich daran. Auch von meinem E-Mail-Postfach werde ich mit mehr Informationen überschüttet, als ich verarbeiten kann, und rufe doch, von Neugier getrieben, andauernd die Mails ab.

Täglich muss ich hundertfach bewerten: Brauche ich das? Muss ich mir dieses Sonderangebot merken? Muss ich mich für diesen politischen Streit interessieren? Interessiert mich der neue Film? Während ich damit beschäftigt bin, Informationen zu filtern, erlebe und erschaffe ich nichts. Am Ende lässt mich die Datenflut unbefriedigt zurück.

Ich möchte mich sammeln, gehe aber den Weg der Zerstreuung. Ich sehne mich nach Fokus und innerer Klarheit und verirre mich in Ablenkungen.

Im Internet stoße ich zur Masse, die sich bei Facebook zu Fangruppen sammelt und Youtube-Videos hohe Zugriffszahlen beschert. Gleichzeitig vereinzelt es mich, Teil dieser Masse zu sein. Ich werde einsam vor dem Bildschirm. Weil die Speise der unnützen Informationen mich hungrig und unzufrieden zurücklässt, fresse ich immer mehr davon. Am Ende lasse ich nichts mehr wirklich an mich heran, weil ich nicht entscheiden kann, was wichtig ist und was nicht.

Die Lösung sind für mich rigorose Entscheidungen. Ich steige in bestimmte Themen aus dem Tagesgeschehen voll ein und halte mich auf dem Laufenden, anderes lasse ich vorbeifließen und kümmere mich nicht darum. Für Autos, Häuser, Computer interessiere ich mich zum Beispiel nur ein paar Wochen, bevor ich mir etwas kaufen oder in eine neue Wohnung ziehen will, danach ist das Thema für mich abgeschafft.

Seit Jahren schon steht keine Mail-Adresse mehr auf meiner Website. Anfangs fürchtete ich, mir könnten Interviewanfragen oder Lesungsbuchungen entgehen. Aber die Not war zu groß geworden; ich verbrachte jeden Tag mehrere Stunden damit, Mails zu lesen und zu beantworten. Jetzt kann ich mich mehr um die Freunde aus alten Zeiten kümmern.

Lena und ich besitzen keinen Fernseher. Als Fernsehgucker zappte ich immer so lange durch die Programme, bis ich etwas gefunden hatte, das noch einigermaßen passabel war. Anstatt abzuschalten, guckte ich das, was mir als das geringste Übel erschien. Dadurch gewöhnte ich mich daran, dass ab sieben Uhr nichts anderes mehr möglich war als fernzusehen, ich glaubte, zu sonst nichts in der Lage zu sein.

Was für ein Irrtum! Das Abschaffen des Fernsehers hat jeden meiner Tage um vier bis fünf Stunden verlängert. Wir laden Freunde ein oder lesen uns gegenseitig ein Buch vor, wir spielen, kochen, machen Musik. Die Woche ist bunter geworden und ich gehe abends glücklicher schlafen.

Immer noch liebe ich Filme. Ich gehe ins Kino oder gucke mit Lena eine DVD. Damit gebe ich dem Film seine Würde zurück: Ich widme ihm bewusst meine Zeit. Anschließend darf er in mir nachwirken, ich verarbeite das, was ich gesehen und gefühlt habe.

Während mich Filme aufwühlen, euphorisieren oder niederschmettern, mich zittern und mitfiebern lassen, macht ein Buch mich ruhig. Vielleicht liegt es an der Lesegeschwindigkeit, die ich meinem momentanen Zustand anpassen kann. Manchmal lese ich langsamer und verharre eine Weile mitten auf der Seite, um einen Gedanken zu verdauen oder eine Träne zu vergießen, wenn es ein trauriges Buch ist. Dann wieder lese ich schnell und erfasse die Dinge rasch.

Lese ich abends vor dem Einschlafen, klappe ich am Ende das Buch zu und kann friedlich die Augen schließen. Ein Buch hat für mich eine besondere Qualität, die Gedanken sind oft tiefer und ausführlicher als in einem Film.

Generell gilt: Schönheit braucht Zeit! Ein Musikstück, das mich berührt, besteht nicht aus einem einzelnen Ton und ist nicht in wenigen Sekunden erledigt, nein, es baut sich auf, es stellt mir eine Melodie vor und erweitert sich zur Mehrstimmigkeit.

Auch eine Blüte, an der ich rieche, ist nicht zwei Minuten da und dann weg. Sie nimmt sich Zeit, wächst erst zur kleinen Knospe und entfaltet sich.

Eine Schnecke schlüpft aus einem Ei, sie ist winzig und zart, ihr Haus umfasst anfangs wenige Millimeter. Es dauert Monate, bis sie ein stattliches Haus besitzt, das ich dann bestaunen darf. Ein Schmetterling verpuppt sich mühevoll, bevor er mich mit seinen Farben verzaubert.

Wenn ich an die schönsten Erlebnisse meiner dreiunddreißig Jahre denke, waren es keine flüchtigen Augenblicke, sondern Stunden. Mit Lena durch Venedig zu spazieren und nach einem Ort zu suchen, an dem ich sie fragen konnte, ob sie meine Frau werden will. Nach ihrem Ja überglücklich durch die Stadt zu irren, weil wir vor Aufregung unser Hotel nicht mehr fanden. Sich bei der Großmutter am Kaminofen aufzuwärmen und mit ihr über ihre Kindheit zu reden. Die wochenlange Vorfreude auf ein Weihnachtsgeschenk. Ein Ausritt mit Heide durch die Herbstlandschaft bei Hardegsen und die Freude der Pferde daran, im Fluss mit dem Wasser zu spielen, bis wir platschnass waren. Mit Freunden in eine gemeinsam erdachte Fantasiewelt abzutauchen. Am Meer zu stehen und auf die Wellen hinauszublicken.

Unser Anspruch, dass alles schnell zu geschehen hat, tut uns letzten Endes nicht gut. Die guten Dinge im Leben – Wachstum, Vertrauensaufbau, Dazulernen und Entfalten – brauchen Zeit.

Zufrieden sein

„Nicht wie viel wir haben, macht uns glücklich,
sondern wie sehr wir es genießen."
C. H. Spurgeon

Im Internet stieß ich auf eine Liste von verrückten Dingen, die man im Leben getan haben sollte. Darunter Sachen wie Fallschirmspringen, auf der kompletten Tour seiner Lieblingsmusiker mitreisen, einen Bundestagsabgeordneten anrufen, ein Flugzeug fliegen, alle sieben Kontinente bereisen, Kängurufleisch essen, einen Computer aus Einzelteilen selbst zusammenbauen und Wildwasser-Rafting. Einer der Punkte lautete: Tatsächlich glücklich sein mit dem eigenen Leben, wenn auch nur für einen Moment. Ein Leser kommentierte, das sei das Schwierigste aus der Liste.

Ich glaube, das Grundproblem besteht darin, dass wir immer mehr wollen, aber das, was wir eigentlich zu erreichen suchen, nämlich intensives, glücklich machendes Leben, dabei nicht finden.

Genießen ist leider unmöglich, wenn ich mir gerade Sorgen mache. Beim Schreiben zum Beispiel war der Genussfaktor höher, als ich noch allein lebte und wusste: Irgendwie kann ich mich immer über Wasser halten. Ich kann überleben, selbst wenn ich nur bei Aldi einkaufe oder mir überhaupt nichts mehr leisten kann. Ich kann in einer Bruchbude glücklich sein.

Jetzt bin ich für meine Frau, für Lena, mitverantwortlich; wir führen unser Leben gemeinsam. Ich denke Sachen wie: Werde ich ihr genug bieten können? Was, wenn wir Kinder haben, können wir sie ernähren und fördern? Wird der Druck auf mein Schreiben zu groß werden, muss ich Erfolge produzieren, und was, wenn mir das nicht gelingt? Wir bräuchten mit Kindern eine größere Wohnung, was, wenn wir uns die Miete nicht leisten können? Lena liebt Bio-Essen – was, wenn dafür das Geld nicht reicht? Was, wenn sie eines Tages bereut, mich geheiratet zu haben?

Gerade, als ich mir solche Gedanken mache, treffe ich einen Kunststudenten, den ich von früher her kenne. Er sagt: „Mann, du hast es echt geschafft. Du kannst von deinem Schreiben leben."

Mir wird wieder klar: Das ist immer mein Traum gewesen, und es hat geklappt. Ich lebe vom Schreiben, seit zehn Jahren! Dafür bin ich dankbar. Das Gefühl der Dankbarkeit stärkt mein Selbstvertrauen. Ich bin froh, dass Lena mich liebt, wie ich bin, und dass sie meine Arbeit schätzt und unterstützt. Lena hat keine Angst. Warum sollte ich sie haben?

Sorgen sind ein tückisches Phänomen. Sobald ich mir Sorgen mache, konzentriere ich mein gesamtes Denken auf das, was mir fehlt oder mich bedroht. Die Gedanken kreisen wie die Geier.

Natürlich ist nicht alles gut im Leben, aber ich kann mich entscheiden, wo ich hinsehe. Schaue ich in die freundlichen Gesichter? Nehme ich überhaupt wahr, wie gut die Menschen zu mir sind? Oder denke ich Tag und Nacht an den einen, der mich verärgert hat?

Meine Sicht auf die Welt entscheidet, ob ich Ruhe finde. Fühle ich mich ständig angegriffen und denke, jeder will mir ans Leder, halte ich die Welt für verrucht und gierig, dann entwickle ich einen ängstlichen Schutzreflex. Ich kann keinem vertrauen, wittere hinter jeder Ecke eine Falle. Wie soll ich da Ruhe und Zufriedenheit finden?

Lieber werde ich einmal reingelegt und verliere etwas Zeit und Geld, als mir das Leben von Misstrauen kaputt machen zu lassen.

Manchmal hilft es mir auch, mir bewusst zu machen, wovor ich mich eigentlich fürchte. Was ist der *worst case*? Es könnte passieren, dass die Leute meine Bücher nicht mehr mögen. Dann müsste ich mir einen Job suchen. Gleich fällt mir einiges ein, das ich schon immer mal ausprobieren wollte: in einer Buchhandlung zu arbeiten, beispielsweise, oder als Lektor.

Ich bin nicht so ausgeliefert, wie ich meine. Was auch passiert, ich habe immer Möglichkeiten, etwas zu unternehmen, um die Situation zu verbessern. In stürmischen Zeiten stellen die Klugen Windmühlen auf.

Vor allem tagsüber fallen mir praktische Schritte ein, die im Zweifel weiterhelfen würden. Nachts scheint mir diese Fähigkeit zu fehlen. Die Sorgen stellen sich mir dann größer dar als bei Tag, sie werfen lange Schatten. Deshalb habe ich mir zur Regel gemacht: Wenn mich beim Einschlafen eine Sorge überkommen will, schüttele ich sie ab, ohne das Gefühl zu haben, dass ich etwas Schwerwiegendes verdränge. Ich sage mir: Darum kümmerst du dich morgen, bei Tag.

Meiner Erfahrung nach bringt es wenig, sich wieder und wieder dieselben besorgten Fragen zu stellen. Muffensausen als Dauergefühl hilft nicht im Geringsten dabei, etwas zu ändern. Deshalb liegt es in meiner Verantwortung, trübe Gedanken zu verscheuchen, es ist eine Art Gedankenhygiene, für die ich selbst zuständig bin. Martin Luther hat das gut in Worte gefasst: „Dass die Vögel der Sorge und des Kummers über deinem Haupt fliegen, kannst du nicht ändern. Aber dass sie Nester in deinem Haar bauen, das kannst du verhindern."

Einmal waren wir als Kinder mit dem Schlauchboot auf einem großen See unterwegs. Vom Steg wegzufahren war ein Vergnügen gewesen, der kühle Herbstwind trieb uns an. Aber wir kamen nicht mehr dahin zurück. Das Boot lag leicht auf der Seeoberfläche, und der Wind trieb uns immer weiter fort, über den See und am entfernten Ufer ins Schilf hinein. Wir paddelten und paddelten – vergebens. Die Eltern hörten uns nicht, als wir um Hilfe schrien. Sie saßen im Ferienhaus am anderen Ufer. Wir kannten uns noch nicht aus, es war der erste Tag an diesem See.

„Also gut", sagte Claudius, mein älterer Bruder. „Ich gehe ins Wasser. Wenn ich schwimme, kann ich das Boot wie ein Außenmotor antreiben. Dann schaffen wir's vielleicht." Vorsichtig ließ er sich ins kalte Wasser hinab – und brach in Lachen aus.

Claudius stand im Wasser, es reichte ihm nur bis zu den Oberschenkeln. Der See war flach wie eine Pfütze! Nun sprang auch ich ins Wasser. Lachend schoben wir das Schlauchboot gegen den Wind. Es war spielend leicht.

Wie oft ist es mir im Leben schon so ergangen. Ich habe mich vor einer Sache gefürchtet, und als ich sie endlich anpackte, war sie überhaupt nicht zum Fürchten, sondern gut zu bewältigen.

Ich versuche, den Tag nicht mit Sorgen zu beenden, sondern mit schönen Dingen. Ich freue mich aufs Lesen im Bett, auf die kuschelige Bettwäsche. Ich lasse das Vergangene Revue passieren: Was hat mir heute gefallen? Wo ist mir eine Arbeit geglückt? Ich durchlebe die gelungenen Momente noch mal im Kopf und danke Gott dafür.

Klar, nicht jede schwere Aufgabe löst sich in Wohlgefallen auf. Es gibt Dinge, die sich nur mit Schweiß und großem Einsatz stemmen lassen. Das ist wie mit der Klavierprüfung. Zuerst saß ich vor den Stücken, die ich bei der Prüfung spielen sollte, und fand sie unerreichbar schwer. Ich fing an, die ersten Takte zu üben, nur mit der linken Hand, dann nur mit der rechten. Ich übte die ersten zwei Zeilen, die ersten vier, die ersten acht. Es blieb holperig, wochenlang. Aber nach und nach wurde ich besser, die Hände gewöhnten sich an die schwierigen Läufe, und im Kopf summte ich bereits die Melodien mit wie vertraute Lieder. Ich merkte: Zwei Stunden in einer Hauruck-Aktion zu üben bringt weniger, als täglich eine halbe Stunde zu üben.

Damals lernte ich, eine Arbeit in kleine Schritte aufzuteilen, und das nützt mir bis heute. Das Romanschreiben ist, ähnlich wie das Einüben eines anspruchsvollen Musikstücks, ein Projekt von Monaten. Zu Beginn türmt es sich auf wie ein unbezwingbares Gebirge. Aber ich muss heute keinen Roman verfassen, sondern nur zwei Seiten.

Schaue ich auf das große Projekt, ist mir manchmal nach Kapitulation zumute. Blicke ich auf die zwei Seiten, gehe ich motiviert und mit Freude an die Aufgabe heran. Es macht Spaß, an einer einzelnen Romanszene zu feilen. Wie steige ich ein, wo höre ich auf? Wie verhalten sich die Figuren? Aus wessen Sicht ist die Szene am emotionalsten? (Aus dieser Sicht erzähle ich sie dann, damit die Leser leiden.) Wo befinden wir uns, wie duftet es, welche Stimmung herrscht vor?

All das ist für eine einzelne Szene gut zu bewältigen. Für einen ganzen Roman kann ich es nicht in den Kopf kriegen. Ich unterteile also die große Aufgabe in kleine Etappen. So habe ich jeden Tag ein Erfolgserlebnis und arbeite mich stetig voran.

Auch in anderen Lebensbereichen hat sich das für mich als die beste Herangehensweise erwiesen. Nehme ich mir ein zu großes Sportprogramm vor, gebe ich nach ein paar Tagen auf.

Zu einigen Sit-ups und Liegestützen kann ich mich aber leicht überwinden und es wird eine gute Gewohnheit daraus.

Meine Rechnungen für die Steuer sammle ich auf einem kleinen Haufen, den ich dann etwa alle vier Wochen in die Vorsteuerberechnung eintrage. Ich empfinde diese Tätigkeit sogar als Abwechslung. Ich erledige sie immer dann, wenn ich gerade nicht kreativ sein kann. Es ist nicht schwer, ich muss nur Zahlen eintippen. Würde ich den Stapel ein ganzes Jahr lang sammeln, wäre es eine blöde Pflichtübung und würde den ganzen Tag kosten.

Beim Reiten lenkt man gelegentlich unbewusst das Pferd dahin, wo man hinschaut. Ein sensibles Pferd merkt an der veränderten Körperhaltung, was die Blickrichtung des Reiters ist, und folgt ihr.

Für mich ist es besser, das Gelingen vor Augen zu haben und es mir zum Ziel zu machen, anstatt mich auf die Angst vor dem Scheitern zu konzentrieren. Abraham Lincoln ging es genauso, er riet: „Halte dir jeden Tag dreißig Minuten für deine Sorgen frei und mache in dieser Zeit ein Nickerchen."

Es geht ja! Fähigkeiten wachsen, Herausforderungen haben mich stark gemacht, vor allem, wenn ich ausdauernd bei der Sache geblieben bin. Anfangs habe ich am Klavier „Hänschen klein" gespielt und nach zehn Jahren Mozart und Bach und sogar selbstkomponierte Stücke. Anfangs habe ich kleine Tiergeschichten geschrieben und als jungem Erwachsenen gelang mir der erste Roman.

Und trotzdem schiebe ich mitunter Aufgaben vor mir her (und leide darunter, dass sie noch nicht erledigt sind). Mails, die ich schon viel zu lange nicht beantwortet habe. Bestimmte Anrufe, die zu erledigen sind. Habe ich erwähnt, dass ich das Abwaschen verabscheue?

Ist mir in den Bereichen, die mir leichtfallen, etwas gut gelungen, fühle ich mich beschwingt und motiviert. Ich nutze den Schwung, nehme den Hörer in die Hand und erledige einen unangenehmen Anruf.

Einige der schweren Aufgaben kann man auch in Etappen erledigen. Ich sage mir: Du kannst wenigstens schon mal anfangen, die Mail zu schreiben. Die Überwindung fällt leichter, wenn das Teilstück nicht zu groß ist. Ich räume jetzt nicht die ganze Wohnung auf, aber das Schlafzimmer, das schaffe ich, und später kommen dann nach und nach Küche, Flur und Arbeitszimmer dran.

Mit kleinen Belohnungen locke ich mich. Wenn das und das geschafft ist, esse ich ein Eis. Wenn die Mail beantwortet ist, spiele ich ein Computerspiel. Anfangs habe ich mich um diese Belohnungen selbst betrogen und habe nach der erledigten Aufgabe von mir verlangt, noch eine und noch eine anzugehen. Das führte dazu, dass ich mir selbst nicht mehr glaubte, was Belohnungen anging. Keine gute Strategie. Inzwischen halte ich mich daran, gebe mir die versprochene Belohnung, beachte den versprochenen kleinen Zeitrahmen und tue nur das, was ich mir vorgenommen hatte. Das Gute daran ist, dass ich allmählich lerne, kleine Erfolge zu feiern und die Freude darüber zu genießen.

Einmal völlig der Tagesroutine entrissen zu sein verhilft mir zu einem neuen Blick auf mein Leben. Es ist gerade kurz vor Mitternacht, und ich sitze in einem Flugzeug, elf Kilometer über der Erde. Das Licht der Städte liegt wie Goldglimmer auf der schwarzen Nachterde, Goldadern, Goldnetze, Goldmoos.

Ich nehme mir vor, mich scheinbaren Zwängen nicht mehr so leicht zu beugen. Was mir unten auf der Erde noch unvermeidlich erschien, kommt mir oben am Himmel wie eine Dummheit vor. Ich schlage mich mit Aufgaben herum, die andere viel besser lösen können. Warum investiere ich mich nicht lieber in Dinge, die mir wirklich liegen?

Ich habe einen Traumberuf. Ich darf lauschen, beobachten, spüren und schmecken und schildere diese Eindrücke für meine Leser. Die Geschichten, die mir begegnen, darf ich miteinander verweben. Das ist zutiefst befriedigend, ein großes Glück. Trotzdem passiert es mir immer wieder, dass ich Projekte zusage, die für mich Qualen bedeuten und dem Auftraggeber am Ende auch keine Freude bereiten.

Kürzlich habe ich zum Beispiel zugesagt, ein Manuskript zu lektorieren. Es war gut bezahlt, aber es war eine Qual. Ich ärgerte mich über den fremden Text, den ich ganz anders geschrieben hätte, fuhrwerkte darin herum. Ich schob die Arbeit vor mir her, und wenn ich daran saß, mühte ich mich damit ab, als wäre ich eine Fliege und müsste im Teich das Kraulen lernen.

Dann sollte ich den Text für einen Filmclip schreiben, gesprochen aus der Sicht eines Jugendlichen. Am Ende war es den Auftraggebern zu „schriftsprachlich". Jugendsprache ist nicht meine Stärke, das wusste ich, das wussten sie.

Brauche ich unbedingt ein Flugzeug, um meinen Lebensweg zu finden? Es lohnt sich, glaube ich, auch im Alltag ab und an darüber nachzudenken: Welche Tätigkeiten kosten mich am meisten Kraft? Kann ich sie an andere abgeben, gibt es jemanden, der das besser beherrscht und mit viel weniger Aufwand erledigen kann?

Wenn ich mich auf Arbeiten beschränke, die meinen Fähigkeiten entsprechen, lebe ich glücklicher.

Noch vor 60 Jahren besaßen die meisten in Deutschland weder Waschmaschine noch Kühlschrank. Ganze vier Prozent der Haushalte hatten 1953 eine Waschmaschine. Meine Großmutter kaufte 1962 ihre erste, eine Schwarzenberg. Davor war es mehr Arbeit gewesen, die Wäsche zu waschen: Am Abend vorher weichte Oma sie mit Waschmittel ein. Dann, am Morgen, holte sie die Wäsche aus dem Wasser und schrubbte sie auf dem Waschbrett oder stampfte sie mit dem Wäschestampfer. Anschließend wusch sie die Kleider in neuer Lauge. Sie machte Feuer unter dem Kessel und kochte die weiße Wäsche. Nach dem Kochen spülte sie die Wäschestücke dreimal und kurbelte sie anschließend durch die Wringmaschine, zwei Walzen, die das Wasser herauspressten. Am Ende wurden die Kleider und Laken zum Trocknen aufgehängt. Omas Familie hatte eine große Landwirtschaft und deshalb viel Wäsche.

Ihre Schwester ergänzt, als ich nach anderen technischen Geräten frage: „Einen Kühlschrank hatten wir nicht. Es gab nichts Gefrorenes."

Der Wohlstand, in dem ich heute lebe, ist mir selbstverständlich. Dabei ist er erst ein paar Jahrzehnte alt. Unsere Lebensbedingungen haben sich sehr verbessert, wir leben wie Könige.

Selbst im Vergleich zu meiner eigenen DDR-Kindheit hat sich viel getan. Damals gab es keine Fahrräder zu kaufen. Autos bestellte man und wartete dann zehn bis fünfzehn Jahre auf die Auslieferung. Die Grenzen waren zu, wir waren im eigenen Land eingesperrt. Hätte mir jemand erzählt, dass ich einmal nach Amerika und nach Afrika reisen würde, ich hätte es nicht geglaubt. Genauso wenig, dass ich mal eine wunderbare Frau wie Lena finden würde und dass diese Frau ausgerechnet mich heiraten wollen würde!

Andererseits, man gewöhnt sich an alles. An Kiwis und Bananen, an Kokosnüsse, Urlaubsreisen und Sommertage. Sogar an die Traumfrau.

Ich möchte mich entwöhnen, ich will wieder merken: Dieses Leben ist nicht selbstverständlich.

Im Jahr meiner Geburt, 1977, hatte ein großer Teil der Deutschen keine Innentoilette, sie mussten raus auf den

Hof oder über den Treppenflur, wo sie sich eine Toilette mit den Nachbarn teilten. Ich wohne heute als frisch verheirateter junger Mann in einem (gemieteten) Häuschen und verfüge über ein Bad mit Fußbodenheizung. Ich besitze wie selbstverständlich einen Kühlschrank, eine Waschmaschine, fliege ins Ausland, mache Urlaub an den schönsten Stränden der Welt. Für meine Großeltern war das noch undenkbar.

Müsste ich nicht vor Glück tanzen?

Auch als Privatmensch bin ich vom Wirtschaftssystem geprägt. Ein Unternehmen darf sich im Kapitalismus nie mit dem Erreichten zufriedengeben, es muss immer wachsen, andere schlucken oder verdrängen, noch mehr Kunden erobern. Es darf keine Ruhe geben, nie zufrieden sein.

Gerade findet die Frankfurter Buchmesse statt. Mein Verlag hat mich in einem luxuriösen Hotel einquartiert. Derart luxuriös ist es, dass ich beim Betreten der Lobby denke: Jetzt muss ich ihnen einen Bestseller liefern, damit sie das wieder reinbekommen.

Ein Page bringt meinen Koffer aufs Zimmer. Der Fahrstuhl fährt mich nur hinauf, wenn ich meine Zimmerkarte vor einen Scanner halte. Ich bekomme flauschige Hausschuhe, und abends liegt ein Brief des Concierge auf dem Bett, in dem er über das morgige Wetter informiert. Auf einer Frühstücks-Speisekarte soll ich angeben, was ich gern ans Bett gebracht haben möchte, wie viele Minuten mein Ei gekocht werden soll und ob ich Blaubeerpfannkuchen mit Ahornsirup oder eine exotische Früchteplatte haben möchte.

Und ich? Ich wache in der Nacht auf, höre draußen die Straßenbahn und denke: Ich muss mich beschweren, vielleicht geben sie mir ein ruhigeres Zimmer.

Der Fernsehkoch Horst Lichter erzählt in einem Interview mit dem Bahnmagazin mobil, dass sich ein Mann im Gespräch beklagte, wie schlimm es sei, morgens im Bus zu fahren. Die Leute zögen ein Gesicht zum Fürchten, sagte der Mann, überall werde man angerempelt, und man sei froh, wenn man wieder raus sei. Horst Lichter erwiderte: „Bist du schon mal in den Bus gestiegen und hast gesagt: ‚Tach zusammen!‘ oder hast gelächelt oder gefragt: ‚Kann ich mich dazustellen?‘ Vielleicht würde das die Situation auflockern. Einer muss nur den Anfang machen.“

Ich fürchte, die Unzufriedenheit ist uns schon so in Fleisch und Blut übergegangen, dass wir gar nicht mehr versuchen, etwas an der unbequemen Lebenslage zu ändern – lieber meckern wir nach Herzenslust.

So erlebe ich es im ICE von München nach Berlin. Zwei alte Damen setzen sich zu mir. Sie berlinern. Seit ich in München wohne, höre ich den Dialekt nicht mehr oft. Sie sagen: „Wa mussten umziehen, is nich auszuhalten da hinten inn Wagon. Dat die Deutsche Bahn dieset Problem mit der Klimaanlare nich inn Griff bekommt! Viel zu warm war't, dit hält keener aus.“

Der Zug ist kaum gefüllt, es sind überall Plätze frei. Sie sitzen jetzt also wieder angenehm temperiert, und es war leicht, einen neuen Platz zu finden. „Aber stellen Sie sich mal vor", sage ich, „wir müssten die Strecke von München nach Berlin mit dem Auto fahren! Wir bräuchten anschließend eine Woche Urlaub, um uns von der Fahrt zu erholen."

Sie lachen. „Stimmt auch wieder."

Ich erkläre, dass ich viel mit der Bahn reise und dass ich fast nie Schwierigkeiten habe, auch nicht mit Verspätungen. Während ich die Bahn so verteidige, fällt mir auf, dass eigentlich bei jeder Fahrt das Gespräch auf die Deutsche Bahn kommt. Und noch nie habe ich jemanden sagen gehört, wie schön es ist, mit der Eisenbahn zu fahren, wie bequem, wie angenehm.

Die Leute kommentieren jede Ansage des Zugchefs, jeden unplanmäßigen Halt mit einem sarkastischen „Ach?", sie reagieren auf noch so geringe Verspätungen mit Schimpftiraden. Beim Einlaufen in einen Bahnhof prüfen sie die Minuten, die wir vom Fahrplan abweichen, und schlürfen dabei aus ihren Thermoskannen den mitgebrachten Kaffee, als würde ihnen, wenn sie die Bahn leiten würden, so etwas nicht passieren.

Dabei ist das Bahnfahren wunderbar! Ich kann lesen, schreiben, mir Filme auf dem Notebook anschauen. Ich kann im Speisewagen essen, kann umhergehen oder aus dem Fenster schauen und muss mich weder auf den Verkehr konzentrieren, noch verängstigt die Staumeldungen hören.

Warum bemerken wir so selten das Gute um uns herum? Wenn wir es wahrnehmen würden, könnten wir allmählich damit anfangen, es zu genießen.

Ich möchte diesen neuen Blick finden, möchte auch meine Arbeit so sehen. Geld ist nicht gut und nicht böse, Geld ist einfach ein Tauschobjekt. Wenn ich arbeite, um Geld zu verdienen, dann wird dabei die Bedeutung des Geldes überstrapaziert – es soll plötzlich sinnstiftend sein. Dadurch höhle ich meine eigene Arbeit aus, ich nehme ihr den wahren Grund, die innere Kraft, die aus dem Guten herrührte, das die Arbeit bewirkt. Wohnhäuser zu bauen, Kinder zu unterrichten, Kranke zu pflegen, bis sie gesund sind, Geschichten zu erzählen, Musik zu machen, das sind Dinge, die in sich einen Wert haben, sie brauchen kein Geld als zusätzlichen Motor. Ich bin sicher, für die meisten Berufe kann man diesen inneren Wert wiederfinden. Wie sähe die Welt aus, wenn wir unsere Arbeit täten, weil sie gut ist und anderen guttut?

Geld gibt einem Leben keine Richtung. Wenn ich für das Geld arbeite, hake ich jeden Tag ab und bin froh, ihn geschafft zu haben. Ich will mein Leben aber nicht schaffen, will es nicht hinter mich bringen, sondern will es führen, gestalten und auskosten.

Niemand ist wie ich. Niemand lebt dasselbe Leben wie ich, auch in hundert Jahren wird es keinen geben, der genau derselbe ist. Ich bin dafür verantwortlich, mein ganz persönliches Leben zum Blühen zu bringen.

Was für ein sonniger Herbsttag heraufgezogen ist! Ich sehe mir an, wie das Goldlaub in den Bäumen leuchtet, und genieße den erdigen Duft, der aus den Wiesen aufsteigt. Ich möchte lernen, alles mit Liebe zu betrachten.

Mein Freund Andreas Noga schrieb dieses wunderbare Gedicht:

tag am see

am ufer sitzen bis es abend ist
ich gehe in mich lasse die tür

für gäste offen:
bäume wolken geräusche

ich bin ein boot werde leicht
wenn wasser mich

auf den schultern trägt

So möchte ich sein. Ich will die Seelentür für Gäste offen lassen, für Bäume, Wolken, Worte und Menschen.

Die Nacht ist mein Freund

Wenn es nach mir ginge, würde ich nur dasitzen und lesen, schreiben, spielen, Filme gucken. Aber ich weiß, mein Körper freut sich über frische Luft, über einen Spaziergang, Fahrradfahren, Volleyballspielen, Schwimmen, Tanzen. Ich entschließe mich dazu, ihn zu pflegen. Und bin hinterher glücklich, denn der Körper ist ein Teil von mir, und die frische Luft und die Bewegung erfrischen meinen Geist.

Es ist medizinisch nachgewiesen, dass Bewegung depressive Stimmungen vertreibt. Und wie schön das ist, unter freiem Himmel in einem See zu schwimmen! Ich drehe mich auf den Rücken und schaue in die Wolken, während ich mit ruhigen Zügen schwimme. Die Sonne wärmt mir das Gesicht und die Brust, das Wasser kühlt meinen Körper.

Ich musste erst mühsam lernen, gut zu meinem Körper zu sein. Durch Lena habe ich überhaupt erst bemerkt, dass es da für mich etwas zu lernen gibt. Lehne ich mich mit meinem Kopf gegen etwas Hartes, sagt Lena: „Nimm dir doch ein Kissen!" Ich tu's, und schon fühlt sich der Schädel viel besser an. Manchmal liege ich da und lese, ganz gefesselt vom Buch. Dann kommt Lena herein und sagt: „Mensch, das sieht ja unbequem aus, wie du daliegst." Und wirklich, plötzlich merke ich es auch, das ist völlig unbequem! Ich lege mich anders hin, und schon geht es mir besser. Warum habe ich das nicht selbst gemerkt?

Ich glaube, ich habe mir eine gewisse Verachtung meinem Körper gegenüber angewöhnt. Er will nicht so, wie ich will? Er soll sich gefälligst zusammenreißen! Das war die Devise, jahrelang. Sie hatte ihren Ursprung, glaube ich, in einer Unzufriedenheit mit meinem Körperbau, dem Rundrücken, der Skoliose, und in der angelernten Haltung, man müsse den Körper stählen durch kaltes Duschen und sportliche Qualen.

Früher habe ich Kartoffeln immer im Stehen geschält und musste mich dabei runterbeugen, damit die Schalen nicht sonst wohin flogen. Ich bin ein langer Lulatsch, vom Runterbeugen bekomme ich Rückenschmerzen. Deshalb sitze ich inzwischen immer am Küchentisch, und das Kartoffelschälen geht mir viel leichter von der Hand.

Früher habe ich den ganzen Tag am Schreibtisch gesessen und jedes Aufmucken des Körpers ignoriert. Inzwischen verschaffe ich mir Abwechslung, gehe raus und hänge die Wäsche auf, spaziere zum Briefkasten oder lümmele mich ein bisschen zum Lesen aufs Sofa. Ich mache sogar jeden Morgen Sit-ups und Liegestütze, auch wenn ich weiß, dass es meine Haltung nie ganz reparieren wird. Ein guter Umgang mit meinem Körper mildert den Stress. Davon abgesehen, verschönern Bewegung, Sonne und gutes Essen mir das Leben.

So viel verdanke ich meinem Körper! Ich habe gesunde Gliedmaßen, kann mit den Fingern greifen, Klavier spielen, Lena über das Gesicht streichen. Ich kann gehen, sehen, hören, schmecken.

Sport zu machen oder etwas Gesundes zu essen, kostet mich zuerst Überwindung. Rote Bete schmeckt mir nicht und die Sit-ups strengen an. Aber nach den Sit-ups, nach dem Essen der Roten Bete fühle ich mich gut. Das will ich: gut zu mir sein.

Schlafen spielt dabei eine große Rolle. Ich brauche tiefen Schlaf in der Nacht, um Kraft zu schöpfen und den nächsten Tag mit offenen Augen und wachen Sinnen zu erleben. Ich brauche Spannkraft, um der Verwirklichung meiner Träume näherzukommen. Esse ich abends fettes Zeug, beschert mir das einen unruhigen Schlaf, und glotze ich Filme bis in die Puppen, obwohl die letzten Stunden vor dem Zubettgehen nur herumgebrachte, verdämmerte Zeit sind, vergeude ich damit kostbare Morgenstunden und verderbe mir den nächsten Tag.

Ich will darauf vertrauen, dass morgen ein neuer Tag kommt, der auch Gutes bringen wird, und die Unzufriedenheit gar nicht erst aufkommen lassen, die mich dazu verleiten will, das Schlafengehen hinauszuzögern, weil ich aus diesem Tag noch etwas Gutes herauspressen will.

Am besten geht es mir, wenn ich den Schlaf dankbar willkommen heiße. Wenn ich nicht herumrechne, sondern vor dem Zubettgehen noch einmal aus dem Fenster blicke und die Sterne anschaue, und wenn ich mir das Tagesende mit ein paar gelesenen Buchseiten versüße. Die Nacht ist kein Feind, dem ich Wachzeit und Leistungszeit abringen muss, kein Gegner, dem ich abends in Kampflaune begegne, sondern ein Freund, der mir Frieden und Erholung schenkt.

Üben wie van Gogh

Ich liege auf dem Sofa und überarbeite die letzten Kapitel von „Tanz unter Sternen". Über mir schneit allmählich das Dachfenster zu. Ein bezaubernder Anblick, wie die Schneeflocken herabsinken und nach und nach die Scheibe mit weicher Zuckerwatte bedecken.

Rita erzählte bei einer Lesung, dass sie öfter mit einem Blinden spazieren geht. Er bittet sie, ihr alles zu beschreiben, was sie sieht. Auf solchen Spaziergängen sieht sie mehr als sonst. Der Blinde öffnet ihr die Augen.

Genauso will ich die Schönheit um mich herum wahrnehmen, will über Tiere und Menschen und Häuser staunen. Wenn ich für eine Lesung in fremde Städte komme, benutze ich auf dem Weg vom Bahnhof zur Buchhandlung selten die öffentlichen Verkehrsmittel. Ich gehe zu Fuß, damit ich den Ort, an dem ich angelangt bin, kennenlerne. Städte sind spannend. Man sieht die Menschen, die dort leben, verfallene Häuser und frisch verputzte, Geschäfte und Plätze, Bäume und Parkbänke. Jede Stadt hat ihren eigenen Charakter.

Selbst in Berlin, das ich gut kenne, gehe ich gern Strecken zu Fuß. Steglitz liebe ich besonders, weil ich lange Jahre dort gelebt habe. Besuche ich meinen Bruder, lasse ich den Bus fahren und gehe zu Fuß durch mein altes Stadtviertel.

Ich liebe den roten Backsteinbau in der Klingsorstraße, das Kopfsteinpflaster in den Seitengassen und die alten Bäume, die sie säumen. Alles nehme ich in mich auf. Ich bin ein Beobachter, ein ruhiger Flaneur. Die Spatzen, die sich um ein paar Brotkrumen streiten, lächele ich an. Ein Mann von der Müllabfuhr schimpft: „Was soll diese Dreckskarre!", weil ihm ein Auto den Zugang zu den Mülltonnen versperrt, und eine Frau ruft vom Balkon runter: „Mir gehört sie nicht." Ich schaue zu den Fenstern hoch und frage mich, wer hier wohl alles lebt.

Ein Vogelschwarm zieht über den Himmel und fächert sich breit auf. Ich schaue den Vögeln nach und wünsche ihnen Kraft für die Reise in den warmen Süden.

Ich glaube, dass es eine Krankheit unserer Zeit ist, von allem den Preis, aber von nichts den Wert zu kennen. Das Gegenmittel heißt für mich: zu lieben. Etwas Kleines und Unbedeutendes wahrzunehmen und es wertzuschätzen, ist heilsam für mich. Um glücklich zu sein, brauche ich nur zu lieben. Kleinigkeiten. Die Bäume, den Wind, der in die Zweige fährt, die Sterne.

Ich bemerke einen Igel, der durch das Gebüsch streift. Das alte Rentnerpaar, das Händchen hält. Ich bemerke das rostige alte Auto und die Katze auf dem Balkon.

Die Bibel beginnt damit, dass Gott die Welt erschafft, Palmen und Schneeglöckchen, Laufkäfer und Störche, Seen, Wiesen und Pferde. Und er schaut sich an, was er geschaffen hat, und nennt es „gut". Gott liebt die Welt, sie bedeutet ihm etwas. Auch wenn es viel Zerstörung gibt, Ölpest, sauren Regen, nukleare Strahlung – es gibt immer noch zarte Schneeglöckchen, grüne Laufkäfer und Pferde auf der Weide. Und es ist gesund für uns und angemessen, sie zu betrachten und „gut" zu heißen. Es rückt unsere Perspektive zurecht. Es wärmt unser Herz.

Wir dürfen die Erde mit all ihren Klängen, Düften, Farben nicht aufgeben. Wir können sie mit der gleichen Liebe betrachten, mit der Gott sie ansieht.

Im Herbst sammelte ich auf dem Weg zu einem Fotoshooting drei Schnecken ein von einem unbewohnten Grundstück in meiner Straße. Habe sie in eine Dose getan mit feuchtem Moos und Löwenzahnblättern. Das war nicht mit der Fotografin abgesprochen; dass ich Schnecken mitbrachte, war für sie eine schöne Überraschung. Und es sind tolle Bilder geworden! Die Schnecken haben prächtig mitgespielt. Sandra Weniger und ich haben hinterher beim Anschauen der Bilder viel gelacht. Bei einem Foto, zum Beispiel, fanden wir: „Da guckt die Schnecke nicht richtig."

In vier Stunden machten wir über fünfhundert Bilder, darunter etliche lustige: mit Buchstabennudeln auf der Zunge, barfuß vorm Spiegel oder auf die wuchtigen Bücher gestützt, die sonst meinen Bildschirm tragen.

Menschen können eine übersprudelnde Glücksquelle sein. Heute trage ich ein Sweatshirt mit Kapuze, von der Kapuze hängen zwei Bänder herab. Lena nimmt die Bänder und tut so, als würden sie sich küssen, sie drückt ihre Enden zusammen und macht Knutschgeräusche. Wie ich sie liebe!

Gestern haben wir Ovomaltine gekauft. Für Lena ist das Malzgetränk mit Kindheitserinnerungen verknüpft, sie hat es immer bei ihrer Oma getrunken und durfte so viele Löffel davon in die Milch tun, wie sie wollte. Heute früh wachte sie auf, strahlte und sagte als Erstes: „Weißt du was? Heute trinke ich Ovomaltine."

So aufzuwachen – nicht mit dem Gedanken an die Tagessorgen, an die Aufgaben und Hürden und Schwierigkeiten, sondern mit einer Vorfreude –, das ist Lebenskunst.

Wir können sie von Kindern lernen. Kinder sind ganz im Augenblick. Deshalb helfen sie uns, den ruhigen Herzschlag der Zeit wahrzunehmen. Für die Vattenfall-Lesetage hatte ich eine freundliche Betreuerin, wir verstanden uns gut. Sie erzählte mir, dass ihr Mann nicht gern liest und ihre Tochter dafür ihm, dem Vater, regelmäßig aus „Ronja Räubertochter" vorliest. So geht es, wenn wir die guten Dinge verlernen: Unsere Kinder bringen sie uns wieder bei.

Große Künstler wissen, dass man mehrere Versuche braucht, bis etwas gut wird. Van Gogh zum Beispiel hat sich nicht hingestellt und auf Anhieb die perfekten Sonnenblumen gemalt. Er übte immer wieder mit Sonnenblumen. Es gibt von ihm dasselbe Bild in vielen Variationen – „Zwölf Sonnenblumen in einer Vase", „Fünf Sonnenblumen", „Fünfzehn

Sonnenblumen", „Drei Sonnenblumen in einer Vase". Vincent van Gogh hat sich ausprobiert, hat experimentiert.

Auch ich darf mit meinem Leben experimentieren, darf üben, bis ich weiß, was mir und anderen guttut. Wichtig ist, überhaupt erst mal das Hamsterlaufrad zu verlassen und wieder die Augen zu öffnen für die Würde und Schönheit des Lebens.

Der Stierkämpfer Christian Hernández hat bereits über hundert Stiere getötet. Trotzdem gilt er als novillero, als Novize. Nach dem Stierkampf am 13. Juni 2010 soll der 22-Jährige endlich den Ehrentitel „Matador" erhalten. Aber er bekommt Angst: Vor eintausend Zuschauern wirft er in der Arena in Mexico City das Tuch von sich und hechtet über die Holzwand. Den Stier lässt er in der Arena allein zurück. Daraufhin wird Hernández aus dem Stierkämpferverband ausgeschlossen und zu einer Geldbuße verurteilt, weil er den Stier nicht getötet hat.

In einem Interview kurz nach dem Kampf sagt er: „Das hier ist nicht mein Ding. Mir haben einfach die Eier gefehlt." Er schneidet sich sein Stierkämpferzöpfchen ab. Das Ende einer Karriere.

Jemand hat die Flucht aus der Arena aufgezeichnet und stellt sie bei Youtube ein. Hunderttausende sehen sie sich an. Frauen schwärmen: „Du hast mehr Eier als alle anderen."

Mag sein, dass ein fröhlicher Lebenskünstler nicht unbedingt die Bewunderung der Leistungsgesellschaft erntet. Aber er übt sich dafür in einer Fähigkeit, die uns Menschen niemals verloren gehen darf: „Für die Freude, die Schönheit, die Farbe des Lebens zu erglühen" (Oscar Wilde).

Wer das Kleine, Unscheinbare liebt, der liebt die Welt.

Mut

Um unseren Mut zu beweisen, jagen wir einen Stier in eine Arena und töten ihn auf langsame, qualvolle Weise. Wir schnallen uns lange Bretter an die Füße und jagen schneebedeckte Hänge hinab. Wir essen vor laufender Kamera Insekten.

Aber das ist nicht Mut.

Die Nachrichten berichten ständig, woran es hapert, wer einen Fehler gemacht hat und wo die Dinge im Argen liegen. Auch unsere Gespräche drehen sich oftmals um Missstände und Ungerechtigkeiten. Wir sehen den unberechenbaren Fremden. Aber das alles hilft nicht weiter.

Wahrer Mut ist, das Gute zu sehen, es aufzubauen, daran festzuhalten.

Im Film „My Blueberry Nights" stiehlt eine junge Frau ihrem Vater das Auto. Ein neues, teures Auto – er liebte das Auto, es war sein Ein und Alles. Sie fährt damit weg, haut von zu Hause ab. Warum? Weil sie wissen will, was er macht, ob er die Polizei ruft, ob er seine eigene Tochter festnehmen lässt oder ob er gar nichts tut. Wochen gehen ins Land. Der Vater findet heraus, wo sie ist, und er schickt ihr per Post einen Umschlag. Im Umschlag sind die Fahrzeugpapiere.

Wir brauchen dieses Leben nicht zu stehlen. Wir haben es bereits geschenkt bekommen. Machen wir etwas Gutes daraus.

TITUS MÜLLER

In Berlin studierte er Literatur, Mittelalterliche Geschichte,
Publizistik und Kommunikationswissenschaften. Mit 21
Jahren gründete er die Literaturzeitschrift „Federwelt". Seine
Ratgeber und historischen Romane begeistern viele Leser.
Titus Müller wurde mit dem „C.S. Lewis-Preis" und dem
„Sir Walter Scott-Preis" ausgezeichnet.
www.titusmueller.de

Verlagsgruppe Random House FSC-DEU-0100
Das für dieses Buch verwendete FSC®-zertifizierte Papier *EOS*
liefert Salzer, St. Pölten.

© 2012 by adeo Verlag
in der Gerth Medien GmbH, Asslar,
Verlagsgruppe Random House GmbH, München

Die Bibelstellen sind der Übersetzung Hoffnung für alle® entnommen,
Copyright © 1983, 1996, 2002 by Biblica Inc.TM. Verwendet mit freund-
licher Genehmigung des Brunnen Verlags. Alle weiteren Rechte weltweit
vorbehalten.

1. Auflage März 2012
Bestell-Nr. 814 257
ISBN 978-3-942208-57-4

Umschlaggestaltung: Gute Boschafter GmbH, Haltern
Satz: Daniel Eschner
Druck: CPI Moravia